リモート営業で結果を出す人の

48のルール

菊原智明
Tomoaki Kikuhara

河出書房新社

はじめに　リモート営業で結果を出すための答えがここにある

本書を手に取っていただき、ありがとうございます。多くの営業ノウハウ本が出ている中、このページを開いて読んでくださっていることに感謝いたします。

この本は**「対面営業とリモート営業の違い」**を明確に示した内容になっています。

リモート営業は、対面営業とは違ったノウハウがあります。むずかしくはありませんが、知ると知らないとでは結果に10倍の差が出るでしょう。**リアルでは通用していた常識がオンラインでは通用しないことが数多くある**のです。

他にもリモート営業、テレワークの本が出ていますが、本書が一番、リモート営業で結果を出す手助けができると自負しています。

なぜそう言えるかというと、私には**リモート営業歴20年のキャリアがある**からです。

「えっ、リモート営業って最近なんだから、20年はおかしいのでは？」と突っ込みたくなった方もいるでしょう。そのことについてまず簡単に説明します。

私は大学を卒業してハウスメーカーに就職、営業部に配属されたものの、結果を出せずに〝ダメ営業スタッフ〟のまま7年の歳月が流れました。

中堅営業スタッフになっていた私は「このままでは営業を続けられない」と判断し、**お客様へのアプローチを訪問から「営業レター」に変えました。**いわゆる手紙でお客様に役立つ情報を送るようにしたのです。

営業レターはアナログなツールですが、**訪問せずに遠隔で営業活動をしていたので、ほぼリモート営業**と言っていいでしょう。

このやり方に変えたことで私は結果を出し、**ダメ営業スタッフから4年連続トップ営業スタッフになれた**のです。

その後、私は営業コンサルタントとして独立します。

2006年に『4年連続No.1が明かす訪問しないで売れる営業に変わる本』（大和出版）

を出版しました。当時はまだリモート営業の「リ」の字もなかったのですが、多くの営業スタッフの「訪問したくない」というニーズにマッチし、ありがたいことにその後文庫版（日経ビジネス人文庫『訪問しなくても売れる！「営業レター」の教科書』）になるなどロングセラーになったのです。

この頃から、営業の現場において「お客様に嫌われる訪問はしたくない」という強い欲求がありました。しかし、「最低でも3回は訪問しろ」とか「営業は断られてからが勝負」などという昔からの慣習で、なかなか改革できなかったのです。

それが新型コロナウイルスの影響で訪問できなくなりました。リモート営業をせざるを得なくなり、昭和的なやり方を押し通していた上司は一転して、「リモート営業を導入するべきだ」と言い始めました。

このような状況になり、不躾《ぶしつけ》ながら「やっと私の時代が来た」と思ったのです。

ただ、営業スタッフも手放しで喜んではいられません。「嫌だった訪問をしなくてすむ」と喜ぶ一方で、「どうやって営業をしたらいいのか……」とその多くは困惑しています。

私は困っている営業スタッフのお役に立ちたいと思い、営業コンサルタントになりました。今こそリモート営業のベテランでありプロである私の出番です。

営業スタッフ時代はもちろんのこと、営業コンサルタントになってからもリモート営業を続けています。リモート営業は得意中の得意です。

これから営業は、今までの「フィールドセールス（訪問型営業）」からリモート営業の「インサイドセールス（内勤型営業）」へ一気にシフトしていきます。

あなたは「これまでのやり方では結果が出ない……」という先の見えない不安を感じているかもしれません。

でも、ご安心ください。リモート営業で結果を出すための答えはこの本の中にあるのですから。

あなたが営業新時代に活躍することを心から願っています。

営業コンサルタント・関東学園大学講師
菊原　智明

CONTENTS

リモート営業で
結果を出す人の48のルール

第2章 ▼ お客様との接点が持てる9つのアプローチ

第3章 ▼リモートは準備が肝心! 9つの面談対策

第4章 確実に契約につながる9つの商談テクニック

第5章 ▼ 営業のパフォーマンスが上がる6つのチーム術

第6章 ▼ 効率よく仕事を進める6つのセルフマネジメント

第1章

営業新時代に勝ち残る9つの考え方

1

対面営業は、自分が主導権を持てるが、リモート営業は、お客様が100%主導権を持つ

リモート営業で結果を出すために、まず知っておいてほしいことがあります。

対面営業とリモート営業の一番の違い、それは**「リモート営業はお客様が承諾しないと絶対に接触できない」**ということです。

当たり前といえば当たり前のことです。お客様やクライアントに「この人とは会う価値がある」と思ってもらわなければ、あなたはどうあがいても会うことすらできないのですから、これは非常に大きいのです。

今までの対面営業はなんだかんだ言っても、お客様に接触することができました。

たとえば、次のような〝作戦〟が挙げられます。

・庭先のお客様に話しかける
・ドアホンを押して「ちょっとすみません」と言って離れて待っている
・会社の前で偶然を装って挨拶する
・受付に無理やり資料を置いてくる
・交流会で売り込む　など

こうして好むと好まざるとにかかわらず、相手が承諾しなくても強引にチャンスはつくれましたし、これが営業活動の大半を占めていました。

〝根性〟さえあれば結果は出せる？

ひと昔前のトップ営業スタッフは信じられないような〝神業〟で契約を取ってきたものです。

元高校球児で知人のAさん（50代）はリフォーム営業をしており、天才的な営業スキルを持っています。スマホで地図を見ながら個人宅をアポなし訪問します。通常は、突然訪問されれば強く拒否されるものです。しかし、Aさんは突然訪問したにもかかわらず、お客様ともいつの間にか仲良く世間話を始め、あっという間に懐《ふところ》に飛び込みます。

こうしてAさんは数多くチャンスをつかみ、契約を取ってきたのです。なかなかできることではありませんが、〝根性〟さえあれば結果を出せることもあります。

今はそんなAさんも苦戦しています。「コロナ禍で訪問しても玄関は開けてもらえないし、どう新規のお客様を探していいのか……」と悩んでいます。

私も営業スタッフ時代、「近くで建築の工事をするので挨拶に来ました」と言って玄関を開けてもらっていたことがあります。

残念ながらAさんのように契約を取ることはできませんでしたが、いくつかチャンスはつかんだものです。

しかし、もうそんな時代ではありません。アポなしで個人宅を訪問しても玄関を開けてもらえませんし、法人でも受付かドアホンでシャットアウトされます。

リモート営業になると強引にお客様と会うことが不可能になります。

「アポイントのご依頼の件でご連絡いたしました」とメールで送っても返信がなければ、

お客様との接点は持てません。つまり、**お客様に「自分と会う価値があり、時間をとる必要がある」としっかり伝えないことには、今後は接触さえできなくなります。**

ある営業スタッフの方が「これからはお客様が100%主導権を持つ時代だ」という話をしていました。この言葉がすべてを物語っている気がします。

80%でもなく90%でもなく、100%お客様に主導権があることを前提とした営業活動をするようにしましょう。それだけで今までとは180度違った行動が思いつくようになります。

POINT

お客様に「自分と会う価値がある」としっかり伝える

2

対面営業は、会ってからが勝負だが、リモート営業は、会う前に勝負はついている

新型コロナウイルスの感染拡大に伴い、対面型研修の依頼が激減しました。講師業をしている私にとって、研修依頼がなくなるのはかなりの痛手です。

「これからどうやって稼いでいこうか……」と思っていたら、幸いなことにオンライン研修の依頼が増えてきたのです。

それまでリモートで研修を行うなんて思ってもみませんでした。しかも移動の必要がないので、より多くの研修依頼を請《う》けられるようになりました。

今までつき合いのなかった会社から「オンラインセミナー」の依頼があったときのことです。

セミナーの内容についての打ち合わせもリモートで行います。私はお問い合わせいただ

いた方から話を聞いて、「ぜひこの研修をさせてほしい」と思ったので引き受けることにしました。

そのとき、私のリモート営業のノウハウがこの会社のニーズに合致していたため、「この会社の方とは長くつき合えそうだ」という印象を持ちました。

それからしばらくして、担当者が運営担当の方に変わりました。

ところが、その方から届いた私宛てのメールは他の講師と勘違いしている、間違いメールだったのです。

最初の接点が間違いメールですから印象は良くありません。何より「ああ、なんか雑に扱われているな」というイメージを持ってしまったのです。

そういうイメージを持ってしまったせいか、その後リモートでやり取りした際、どうしても欠点ばかりに目が行ってしまいます。結局その方とは最後までうまくやり取りができませんでした。

対面営業でも担当についてお客様と事前にやり取りをしますが、どちらかというと会ってからが勝負でした。

対面営業は第一印象が非常に大切になります。

ある営業ノウハウでは**「出会って15秒で勝負が決まる」**と唱えられていますが、短い時間で判断されるとはいえ、実際に会ってからが勝負です。

しかし、リモート営業は会う前のやり取りで勝負がついてしまいます。

メールで丁寧に対応してくれる方には「きっといい仕事をしてくれるだろう」と期待しますが、名前を間違ったり、雑な扱いをしたりする方には「いい仕事は期待できない」とマイナスに捉えてしまうのです。

最初のメールやSNSなどが重要

リモート営業になるとお客様と顔を合わせる機会は減っていきます。

・メールだけのやり取り
・短時間のオンライン面談
・一度も会わずに契約　など

こういったお客様が増えるので、**最初のメールやSNSなど、デジタルツールでのやり取りが重要になる**ということです。

リモート営業では最初にミスをしてしまうと、挽回するのがむずかしくなります。

細心の注意を払ってメールを送るようにしてください。

「面談する前に勝負はついている」

このことを忘れないようにしましょう。

POINT

最初に送るメールには細心の注意を払う

3 対面営業は、短期的思考、リモート営業は、長期的思考

対面営業からリモート営業に変わって一番困るのが、**新規のお客様へのアプローチ**です。多くの営業スタッフから「なかなか訪問できないし、新規のお客様に対してどうやってアプローチすればいいのかわからない」という悩みを聞きます。

新型コロナウイルスの影響で、営業のやり方にも変革が求められています。これまで営業活動といえば次のようなものでした。

・飛び込み訪問をしてその場で売る
・お店に来た人とその場で契約する（クロージング）
・得意先に顔を出して強引に注文を取る　など

どれも昭和的なやり方ですが、気合を入れて行動すれば、かろうじて契約を取ることもできました。

リモート営業はこうした〝力業〟ができなくなります。お客様と会わずにアプローチして契約を取っていかなければならないのです。

この変化に対応するために意識してほしいことは「長期的思考」です。

対面営業では何とかしてお客様と顔を合わすことが重要でしたが、リモート営業は**「すぐに会おうとしない」ことがポイント**になります。

このようにお話しすると、「ノルマもぜんぜん達成できていないし、そんな悠長なことを言っていられない」と嘆きたくなるかもしれません。

その気持ちは痛いほどよくわかりますが、リモート営業では「短期的思考」で結果を出すことは非常にむずかしくなります。

すぐに会おうとせず、**お客様のほうから「この人なら会ってみてもいいかな」と思ってもらうことが何より重要**になってきます。

そのためにはやはり、**「信頼関係」を築く必要がある**のです。

急がば回れ

たとえば、見込みのお客様にメールでアプローチするとします。通常、営業スタッフは早く結果を出したいと考えて、次のように書いてお客様を急かすものです。

「今すぐご連絡ください」
「3日間限定です」
「今すぐキャンペーンに申し込みを」

このようなメールを受け取ったお客様は**「ああ、また売り込みね」と思うので、感謝されるどころか信頼度を下げてしまいます。**

この場合、**「普通に送ったつもりが、迷惑メールの判定を受けてしまった」**というケースもあります。お客様をあおるようなメールの件名にしてしまうと、迷惑メールの典型的なパターンとして認識されてしまいます。

もしあなたが買う立場なら、「反応をあおってくる営業スタッフ」と、「本当の意味で役立つ内容を送ってくれる営業スタッフ」のどちらを選ぶでしょうか。当然、後者の営業スタッフに返信したくなるはずです。

「急がば回れ」

早く結果を出そうとお客様をあおるのではなく、じっくり時間をかけてお客様と信頼関係を築くことを優先しましょう。そのほうが実は結果を出す近道です。

お客様と信頼関係を築くには、そのお客様の役に立つ情報を送ることが必須です。その方法は、第２章以降で詳しく紹介します。

ここでは「リモート営業は長期的思考」という考え方を理解してください。

POINT

お客様と信頼関係を築くことを優先する

4

対面営業は、人柄で信頼関係をつくり、リモート営業は、情報で信頼関係をつくる

私の営業スタッフ時代の話です。常にいい成績を上げている、典型的な人たらしタイプのOさんがいました。

Oさんは人懐《ひとなつ》っこい天性の明るさで、お客様の懐へ飛び込んでいく営業スタイル。初対面でも数分もしないうちに打ち解けるトークスキルを持っています。

はじめは警戒していたお客様も「ちょっとあなた面白いわね」となって、あっという間に仲良くなるのです。その場で「じゃあOさんに任せるよ」と言われることも。

当時の私はうらやましい限りでした。「あんな感じで営業できたらさぞかし楽だろうな」と思っていたのです。

そんなOさんですが、ケアレスミスの多い人でした。よくお客様から依頼されたことを忘れたり間違えたりします。でも、怒られることはありません。多少ミスをしても、Oさ

んの人柄なら「まあ、しょうがないわね」となるからです。

もし私が同じミスをしたらおそらく商談を打ち切られるでしょうし、大きなクレームに発展させてしまうかもしれません。

対面営業ではOさんみたいな天性の明るさを持っている営業スタッフが圧倒的に有利でした。ライバル会社の営業スタッフがこのタイプなら太刀打ちできません。

しかし、リモート営業になると話は違ってきます。Oさんのような魅力は、画面越しのコミュニケーションでは半分も伝わらなくなるからです。

生まれ持った明るさがなくても、リモート営業では結果が出せます。「普通の人」だって対等に戦えるのです。

何かに詳しい人は魅力的

では、リモート営業で結果を出す人はどんな人でしょうか？

それは**「情報を持っている人」**です。

このことは「説明がうまい」という意味ではありません。

トップ営業スタッフともなると、普段は商品やサービスの知識をひけらかしたりしません。「この場面では必要ない」と判断したら説明は最小限にとどめます。いらぬ説明で時間を長引かすこともないし、お客様を迷わせることもないのです。

ただし、**お客様が詳しい説明を求めてきたときはオタクのように商品やサービスの詳細を伝えています。**

私の知人で生命保険のトップ営業スタッフは、お客様が商品の質問をすると即座に答えを返しています。マニアックな情報や細かい数字まで。

たとえば、税金の話が出れば「お客様の場合、税金の控除の対象になるかどうかがネックになりますが、このようにすれば解決できます」とスパッと回答を返します。ですから、お客様は「この人に任せておけば大丈夫だ」と安心できるのです。

すごいのは知識だけではありません。幅広い人脈やコネを持っています。どんな業界にも知り合いがいて、このトップ営業スタッフに相談すれば「でしたら心当たりがあるので、連絡を取ってみますよ」と言ってもらえるのです。

こう聞くと、「私には人脈がないから……」と思われるかもしれませんが、必ずしも人脈でなくてもいいのです。パソコンやネットに詳しい、おいしいお店を知っているなど、何でも構いません。

人脈はあるに越したことはありませんが、何かに詳しい人は魅力的に感じます。

すでに触れましたが、リモート営業ではお客様の役に立つ情報を送ることが不可欠です。「私はこんな情報を持っています」と積極的に発信していきましょう。

これからは**ネット以上に役に立つ情報を持っている人が勝つ**のです。

POINT

「私はこんな情報を持っている」と発信する

5

対面営業は、説明で差がつくが、リモート営業は、デジタルリテラシーで差がつく

「デジタルデバイド」という言葉を聞いたことがあるでしょうか？

デジタルデバイドとは、デジタルツールを利用できる人と利用できない人との間に生じる格差のことです。

リモート営業はこの情報格差が、そのまま結果となって現れます。

「デジタルリテラシー」が高い、低いと言ったほうがピンとくるかもしれません。

デジタルリテラシーとは、パソコンやスマホなどのデジタル機器やアプリについての知識を持ち、利用する能力のことです。

ご承知のように、リモート営業ではＺｏｏｍやＴｅａｍｓなどのウェブ会議ツールを使って商談を行うことになります。ですから**デジタルリテラシーの高い、デジタルツールを利用できる人がリモート営業で結果を出せるのは自明の理です。**

対面営業では説明で差がついたものです。

アメリカのセールスコンサルタント、エルマー・ホイラーが提唱しているセールスの基本に**「ステーキを売るな、シズルを売れ！」**があります。

シズルとは肉を焼くときの音のことで、「肉の質や価格ではなく、おいしそうな音や匂いを伝えてお客様の食欲をそそれ」という説明のコツです。

営業の世界にいる方ならこのホイラーの法則を一度は聞いたことがあるでしょう。

これまで多くの営業スタッフは、結果を出すために説明力を向上させてきました。

もちろん、リモート営業でも説明力はあるに越したことはありません。

しかし、オンライン商談で説明する際の声が小さかったり、音が途切れ途切れになったりしたらどうでしょうか？

先日、私がZoomでミーティングをした方は、まだZoomの使い方に慣れていなかったようで、「もったいないなぁ」と感じる場面がありました。

マイクのせいなのか、音量を上げてもその方の言葉がはっきりと聞こえません。それなのに、周りの音やキーボードのカタカタ音は聞こえてきます。

これではせっかくの説明力も台無しです。まったくといっていいほどその方の話に集中できませんでした。

慣れれば簡単

このように、リモート営業では説明力以前にＺｏｏｍをはじめとするデジタルツールを使いこなす技術が必要になってきます。

使いこなす技術といっても、むずかしいことはありません。要は**「慣れの問題」**です。Ｚｏｏｍの操作もはじめこそとまどいますが、慣れれば簡単です。何度か使っていくうちに、スムーズに操作できるようになると思います。


たとえば、友だちや家族と「オンライン飲み会」を開いて、プライベートで操作に慣れておくといいでしょう。

そして、お客様がオンライン商談に慣れていない場合は、音声が聞こえないなどのトラブルがよく起きるので、「画面の○○にある××マークをクリックして、マイクの音量を調整してみてください」というように操作を教えられるようにしておきましょう。

他にもオンライン商談の際には準備段階でいくつかの注意点がありますが、詳しくは第3章以降で説明します。

お互いにストレスがない状態でオンライン商談を始めましょう。

POINT

お客様にZｏｏｍの操作を教えられるようにしておく

6

対面営業は、準備8割・本番2割、リモート営業は、準備9割・本番1割

建築業界には「段取り八分」という言葉があります。

私は営業スタッフ時代、よく職人さんから**「段取りさえしっかりしておけば、仕事は8割方完成したようなもの」**と聞かされていたものです。

「段取り八分・仕事二分」は一流の職人さんだけでなく、営業スタッフにも当てはまります。

結果を出している営業スタッフはしっかりと準備しています。誰でも準備はしますが、そのレベルが違うのです。

当時、トップ営業スタッフの先輩との段取りの違いに驚愕《きょうがく》したことがありました。

私としてはしっかりと準備して商談に臨んでいるつもりでした。お客様から家づくりに

関するご要望をお聞きし、設計スタッフの方と相談して具体的な間取りをつくっていきます。間取りができたときは「よし！　これでお客様は気に入ってくれるだろう」と期待していたものです。

しかし、その間取りをお客様にお見せした途端、ため息混じりに「あぁ〜、こういうんじゃないのよね」と言われるのです。

他の手を用意していない私は「では今回もご要望をお聞かせいただいて……」と言うしかなくなります。次もチャンスをいただけるならいいですが、「またこちらから連絡します」と言って、そのまま消えてしまうお客様もいました。これは明らかに私の準備不足です。

お客様は家づくりのプロではありません。自分たちの要望を正確に伝えるなんてできないのです。

もちろん、私のヒアリング力も足りなかったところはあります。とにかく一撃必殺でピッタリな間取りをお客様に出すことなど、ほぼ不可能なのです。

一方、トップ営業スタッフは違います。百戦錬磨の先輩でもお客様のご要望に1回で合わせることは至難の業ですが、そのことをよく知っており、**「A→B→C→D」とバック**

アッププラン（代替案）を用意しています。

お客様から別のご要望が出ても、「ではこちらはいかがでしょうか？」とサッと他の間取りを出せるのです。

私は1パターン、先輩は4パターンの間取りを用意していました。どちらがうまくいくかは明白です。

トップ営業スタッフはどんな事態にもすぐ対応できる準備をしているのです。

待たせたらそこで試合終了

対面営業は「準備8割・本番2割」でも、**リモート営業はもう一段階深くする必要があるという意味で、「準備9割・本番1割」と考えるようにしてください。**

とくにオンライン商談の際は、対面のときより代替案を多く用意したり、お客様から質問されそうな内容の答えをあらかじめ用意したりして、お客様のご要望にすぐ応えられるようにしておきましょう。

お客様から質問が出たときに「ちょっと待ってください」と言いながら資料を捜し始めたのでは遅いのです。対面営業と違って、お客様を待たせたらそこで試合終了だからです。

リモート営業で結果を出す人は慎重すぎるくらい準備しています。

事前に準備したことが無駄になることもありますが、それでも準備することで安心が得られます。

前項でお話ししたZｏｏｍの操作に慣れておくこともその一つです。

リモート営業では「準備9割・本番1割」で臨みましょう。しっかりと準備できる人にだけチャンスがつかめるのですから。

POINT

「準備9割」が安心をもたらす

7

対面営業は、2回目以降で契約を取るが、リモート営業は、1回目で契約を取る

対面営業の際、アプローチしていたお客様と話をしていて「今は詳しいことがわからない」という内容が出てきたとします。そんなとき、あなたはどう対応していますか？

営業をしている方なら「これがチャンスだ」ということがわかると思います。

お客様からの質問に答えられないときは「では、その件に関して調べて報告します」としておけば、次に会うための立派な口実になります。

いわゆる〝宿題〟をもらったことで、次は堂々と会うことができるのです。

対面営業でお客様と信頼関係を築くためには、複数回接触する必要がありました。そのため、営業スタッフはあえてその場で答えず、お客様との「次回のアポイント」を取ったりしていたものです。

しかし、今はこの手法もやりにくくなっています。リモート営業では〝宿題〟をもらったとしても「あとでメールして」という感じになります。

これがオンライン商談だったらどうでしょうか。スピードが重視されるため、「今はちょっとわからないので……」などとは言えません。

お客様の質問に即答できるように、お客様からどのような質問が出るのかをイメージして、回答をあらかじめ用意しておく必要があります。

リモートではお客様も資料を見て質問を用意していることが多くなります。

そうなってくると、**対面と比べてお客様の「決断スピード」が上がっていきます。対面なら3〜4回かかるところを、リモートなら1回で決まったりします。**

「情報を小出しにして……」という手法はもう通用しなくなるのです。

契約は取れるときに取る

商談が進んで**「クロージング」**の段階についてもいえます。

契約の際、お客様から「この金額にしてくれれば決める」といった条件提示があるものです。

対面営業では判断がむずかしいときは「その件に関しましては、一度社に戻って決裁を取りつけます」と言って一度持ち帰ったものです。

取締役会などの決裁が必要な大きな案件なら仕方がありませんが、直属の上司の判断ですむケースは、上司と前もって条件面を打ち合わせしておきましょう。

リモート営業は今までの何倍ものお客様と商談することができます。ということは、お客様にとっても手軽に多くの営業スタッフと商談することが可能になるわけです。

決裁を待っている間にも動きのいい他社が虎視《こし》眈々《たんたん》と狙っています。「次のときに決めよう」と思っている間に他社に奪われてしまう可能性があるのです。

対面営業は①条件提示→②会社に戻って契約の決裁を取る→③契約という流れで進めてきました。

しかしリモート営業は次のような流れで、**その場で判断して契約を取る**ようにしましょう。

①条件提示
②質問を受ける
③その場で答える
④契約

そのためには、**「どのラインまでは値引き可能なのか」という上限などを事前に上司とすり合わせておきます。**
無理に進めてはなりませんが、「契約は取れるときに取る」のがリモート営業なのです。

POINT

値引きの上限などを事前に上司とすり合わせておく

8

対面営業は、最初のインパクトがモノをいうが、リモート営業は、その後のフォローがモノをいう

対面営業でもお客様とお会いした後のフォローが大切ですが、やはり会ったときのインパクトのほうが大きく、その場でお客様の懐まで入り込んでしまえば、多少フォローが手薄になっても結果は出せます。

実際、私はそういった人たらしの営業スタッフをたくさん見てきました。

知人である生命保険の営業スタッフは、初対面から私のことを「きくちゃん」と呼び、馴れ馴れしく肩を叩いてきました。こういったコミュニケーションのとり方に好き嫌いはあるかもしれませんが、私は一瞬にしてファンになったのです。

しかし、**リモート営業では顔を合わせるのは画面越しになります。実際に会うときよりもインパクトが弱まるのです。**

これはポジティブに捉えてください。

かつてのトップ営業スタッフは、「第一印象のいい人」もしくは「初対面に強い人」でした。口下手で人見知りの人は圧倒的に不利だったのです。

リモート営業はその差が少なくなります。私の感覚ですが、**対面では約10対１の差がつくところ、リモートでは画面上の映り方などを工夫することによって3対1程度の差ですみます。**

その後のフォロー次第で、トップ営業スタッフと対等に渡り合えるどころか、逆転することだって可能なのです。

お礼メールを送るのは10人に１人

オンライン商談後は必ずお客様にメールを送り、時間をつくってくれたことへのお礼を伝えるようにしましょう。

そのうえで、その後もメールや営業レターで〝お役立ち情報〟を送り続けるのです。

お客様にいい印象を与えることとお役立ち情報を提供することは、リモート営業成功のポイントです。

対面でもリモートでも必要なことなのですが、その後もフォローしてくれる営業スタッフは意外といません。

私は以前、実際にデータを取ったことがあります。

ある講演で、20人の営業スタッフの方と休憩時間と講演後に名刺交換をさせていただきました。講演を聞いても名刺を交換しない人が大半です。「講師と名刺交換をしよう」という方は、これから頑張って結果を出そうとする前向きな人たちです。

にもかかわらず、私にお礼メールを送ってきた方はたった2人でした。本当にガッカリしました。**10％の人しかメールを送ってくれなかった**のです。

その後もさまざまな場所でデータを取りましたが、やはり10％前後だったのです。

ちなみに私はリモート営業の実情を知りたくて、営業スタッフの方の「面談希望」のメールに返信して相談を受ける機会をつくったことがあります。このときは10人以上に対して1人30分程度、話をさせていただきましたが、お礼メールを送ってきた方は結局1人もいませんでした。本人は気づいていないのか、残念でならないのです。

結果を出している営業スタッフは**「お客様とお会いしたら、お礼メールを送らないと気持ちが悪い」**と言います。こういった基本を押さえているからこそ結果が出せるのです。

リモート営業はその後のフォローで印象が決まります。そのことに気がついているのは10人に1人しかいません。**オンライン商談が終わったら1時間以内に、そのお客様にお礼メールを送ってください。**

「人の記憶は1日後には74％失われる」というデータがあります。**当日、3日後、1週間後、3週間後、1か月後と最低でも5回はお客様と接触の機会を持ちたいものです。**

対面でインパクトを伝えられない分、回数を増やしてフォローすることが必要です。今までの5倍接触を増やせば、あなたの印象はお客様の中で間違いなく強まっていきます。

POINT

オンライン商談後、1時間以内にお礼メールを送る

9

対面営業は、努力も重視されるが、リモート営業は、結果がすべて

リモート営業には結果を出すためのコツがあります。これから次章以降で紹介していきますが、その前にここで営業スタッフとして仕事をしていくうえで一番大事なことをお伝えしたいと思います。

それは**「仕事を時給で考える癖をやめる」**ということです。

昔は「夜遅くまで仕事をすれば残業代がもらえる」という風潮が根強くありました。時計を見ては「あともう少し残業すれば、残業代に加算されるから」と考えて、仕事がなくても会社で時間をつぶしている人は大勢いたのです。

しかし、リモート営業によってそんな風潮は完全に終わり、一気に成果主義にシフトします。なぜなら、**リモート営業になれば働く時間も仕事の内容も自分が決めることになる**

からです。

行動を監視する上司の目が自分から離れると、商談のアポ取りを1日2件ですます営業スタッフが出てくるでしょう。

でも逆に、1日20件以上こなす営業スタッフも出てきます。

商談数と契約数は比例しますから、商談数で10倍の差がつけば、契約数もほぼ10倍の差がつきます。

この話を聞いて「10倍なんておおげさな」と思うかもしれません。しかし、おおげさではなく少なく見積もって話をしているくらいです。

結果を出せなければ1円ももらえない

私の研修先である外資系生命保険会社での出来事です。

この保険会社のオフィスは東京の一等地のビルの中にあります。ワンフロアに、見渡す限りデスクが整然と並んでいます。

そのオフィスを見て「うわー、すごいなー」と眺めている私に、支社長が「ここの営業スタッフの年収はトップと最下位で100倍の差があるんだよ」と教えてくれました。
100倍と言えば、年収200万円の人もいれば年収2億円の人もいるということになります。

もちろんこの100倍は商談数が100倍になったのではなく、取扱金額が100倍になったということです。商談数が10倍で扱う金額が10倍でも10×10＝100倍になりますし、商談数が2倍で扱う金額が50倍でも2×50＝100倍になります。

いずれにせよ、さすがに「それは言いすぎだろう……」と疑っていました。

しかし、ウソでも何でもありませんでした。その実態を知り、愕然《がくぜん》としたのです。

この保険会社は完全に成果主義です。ここの営業スタッフには時給の考えは微塵《みじん》もありません。

結果を出せば青天井に稼げますし、出せなければ1円ももらえないといった、とても厳しい世界で戦っているのです。

あなたの会社でここまでの差がつくかどうかはわかりませんが、この先、成果主義へ移行していくのは確実です。

このことをポジティブに捉えましょう。

「結果は出ていないけどこれだけ頑張っているのだから」

そういった努力した経緯が評価される時代はもう終わりです。**結果を出した人が評価される時代になっていく**のです。

今後は間違いなくリモート営業のノウハウが必要になってきます。正しい知識と効果的な方法を身につけて、ライバルに10倍の差をつけましょう。

さあ、営業新時代がスタートしました。ワクワクしながら次章に進んでください。

POINT

結果を出すための知識と方法を身につける

第1章 まとめ

- お客様が承諾しないと絶対に接触できない。「この人と会ってみたい」と思ってもらうことが必要。
- 勝負は面談する前についてしまう。最初のメールやSNSのやり取りを雑にしないこと。
- 急がば回れ。お客様とすぐに会おうとしない。信頼関係を築くのが先決。
- 結果を出す人は「情報を持っている人」。お客様の役に立つ情報を発信する。
- デジタルツールに対する苦手意識を捨てる。まずは慣れることが大事。
- リモートこそ準備がモノをいう。「準備8割→9割」にバージョンアップする。
- 契約は取れるときに取る。即断即決できるように準備は万全にする。
- アフターフォローで印象が決まる。お礼メールを出すだけでライバルと差をつけられる。
- 「時給思考」から「成果思考」に変えて営業新時代を勝ち残る。

第2章

お客様との接点が持てる9つのアプローチ

10

対面営業は、数うちゃ当たるが、リモート営業は、的を絞る

働き方改革やコロナ禍に関係なく、最近は「飛び込み営業」をめっきり見かけなくなりました。

その代わりにどんどん増えているのが、**メールでの面談依頼**です。

私は自分のホームページにメールアドレスを公開しているため、毎日のように面談依頼のメールが届きます。実際にいくつかのメールに返信して面談を行っていますが、何しろ数が多いので、ほとんどのメールは開封せずに消去してしまいます。

もしかしたら、私に必要なサービスや商品かもしれませんが、なかなか開封して読む気にはなれないのです。なぜかというと、〝数うちゃ当たる〟の精神でメールを送っているからです。

【 よくある(ダメな)メールの例 】

ご責任者様

突然のご連絡にて失礼いたします。

株式会社○○の佐藤と申します。

このたびは、従来のビジネスの問題点の解決方法をお伝えするためにご連絡いたしました。

弊社のサービスを利用し、ビジネスの悩みを解決した事例が 300 件以上あり、多くのお客様からご支持をいただいております。

ご導入企業様のお声と実績例
https://……

【初期費用・初月費用無料キャンペーン】

初期費用・初月費用を無料とさせていただきます。

デモンストレーション無料、お見積もり無料、資料請求無料、お問い合わせはコチラ。

https:// ……

0120-000-0000

よろしくお願いいたします。

前ページに挙げたのはよくある（ダメな）メールの例ですが、このような内容でメールを送られても返信する気になりません。

一斉にメールを送るほうが効率は悪い

それだけではありません。私が消去するまでもなく、第1章で紹介したように、自動的に迷惑メールに振り分けられてしまいます。

ですから、次のことに注意してメールを送る必要があります。

・あおるようなメールの件名にしない
・すぐに反応を求めようとしない
・送り主を明確にする　など

リモート営業というと、どうしても「一斉にメールを送るほうが効率はいい」と考えがちになります。

しかし、リモート営業で結果を出すためには、〝数うちゃ当たる〟は通用しません。

「見込み顧客リスト」をもとに一斉配信メールを送っても、お客様は見向きもしないからです。

運良くお客様に開封されたところで、メールの文章を見た瞬間「ああ、コピー&ペーストだな」とバレてしまいます。そうすればすぐに消去されますし、迷惑メールに登録されてしまうでしょう。

〝数うちゃ当たる〟といったやり方ではなく、お客様にピンポイントでアプローチするほうが結果は出ます。引き続き次項で説明します。

POINT

一斉にメールを送らない、ピンポイントで送る

11

対面営業は、お客様に同じ内容のメールを送るが、リモート営業は、お客様に合わせた内容のメールを送る

先日、私に届いたアポ取りメールの中で「これはやるな」と思い、返信した好例を紹介します。

そのメールには左のような内容が書かれていました。55ページの例とは大違いです。このような申し出であれば、私にとって必要だと思いますし、何より「時間をとって話がしたい」と思うものです。

リモート営業にはリモート営業の結果の出し方があります。正しい方法を選択すれば、やればやっただけの結果が出ますが、間違った方法を選択すれば、やればやるほどドツボにハマっていきます。

まさに〝**天国と地獄の分かれ道**〟になるのです。

【私が思わず返信した好例】

営業サポート・コンサルティング
社長様

株式会社〇〇の鈴木一郎と申します。

弊社は企業に研修を紹介している会社です。

貴社のホームページを拝見し、ご連絡させていただきました。


新型コロナウイルスの影響で営業スタッフが思うように訪問活動できない会社様が増えております。

そこで「訪問しないで売る」というキーワードで検索したところ、貴社のホームページにたどり着いたのです。


私どもとしましてはこのノウハウを困っている会社の方に紹介させていただきたいと思っております。

よろしければ一度お時間をとっていただけないでしょうか。

※所要時間は 20 ～ 30 分ほどを想定しております。

ぜひご検討のほど、よろしくお願いいたします。

確実にアポイントが取れるプランは？

前項の例と今回の例をまとめると、こんな感じになります。

●プランA……デジタルツールを使い、一斉メールでアプローチする
●プランB……新規客を調査して丁寧にメールを送る

【プランAのステップ】
①アプローチの文章を作成する
②見込み顧客リストをもとに一斉送信する

【プランBのステップ】
①ベースの文章を作成する
②ネットで検索をかけて必要と思われる会社をピックアップする
③その会社に合わせてベースの文章をアレンジする

「プランAがいい」と思い込み、お客様にアプローチしていたらどうでしょうか。どんなに頑張っても結果は出ませんし、「この会社は迷惑メールばかり送ってくる」という悪評を広めます。営業スタッフも会社もお客様も不幸になります。まさに〝地獄〟です。

一方、プランBではどうでしょうか。**確実にアポイントが取れるようになりますし、お客様からも感謝されます。営業スタッフも会社もお客様も幸せになります。**まさに〝天国〟になるのです。

どちらのやり方を選んだかで、今後のリモート営業において大きな差をもたらします。

POINT

お客様から感謝されるやり方を選択する

12

対面営業は、初対面の第一印象が大事だが、リモート営業は、メールの第一印象が大事

メールの目的は**お客様と面談のアポイントを取ること**です。

対面営業は初対面の第一印象が大切ですが、リモート営業はメールの第一印象が決め手になってきます。

お客様に、メールをパッと見て「これはスパムや単なる売り込みじゃないな……ちょっと読んでみよう」と思ってもらうことです。お客様はメールを最後まで読んでくれませんというか開封すらしてくれません。ですから**まずは開封してもらい、そのうえで「この営業スタッフと会ってみたい」と感じてもらう必要があります。**

そういった第一印象のいいメールの文章とはどんなものでしょうか？　その書き方について、３つのステップで説明します。

①どこの誰かを伝える
②メールを送った動機を伝える
③会うに値する信頼を得る

第一印象のいいメールの書き方3つのステップ

①どこの誰かを伝える

新規のお客様にアプローチする際は、お客様はあなたのことを知りません。「名刺交換をした」「展示会で一度顔を合わせた」くらいでは知らないに等しいといえるでしょう。実際に顔を合わせていたとしても、「○○株式会社の○○です」といったメールの書き出しでは思い出してもらえないのです。

そこで、**「お客様は自分のことを知らない」という前提で文章を考えましょう。** 自分がいったいどこの誰なのかを示すところからスタートします。

・会社、所属している企業や団体

・会社の場所、担当エリア
・どんな活動・仕事をしているか
・（可能なら）キャリア、年齢　など

可能な限り具体的に記述して、**「どこの誰かわからない」→「素性がわかる」というところまでランクアップさせる**ことです。

この文章が丁寧であればあるほど、「せっかくだから読むだけ読んでみよう」と思ってもらえる確率が上がります。

②メールを送った動機を伝える

「どうしてこのメールを送ったのか」といったお客様が納得するような動機を伝えてください。

メールを受け取ったお客様は、なぜ自分にこのメールが届いたかを知りません。**メールを送ろうと考えたきっかけやプロセスを簡潔に伝えましょう。**

③会うに値する信頼を得る

ここで重要なのは**「自分がいかに役立つ存在であるか」を明確に伝える**ことです。

お客様に対して「私どもはこういった内容でご協力できると思います」といった経験を織り交ぜます。会う価値を感じてもらえるとともに〝独自性〟も伝えられます。

このような文面にすれば、「これは迷惑メールだ」などと思われなくなります。

お客様によっては、相手のアクションを促すような**「ぜひ○○について、一度お話だけでも聞いてはいただけませんでしょうか」**といった内容を伝えてもいいでしょう。

この3ステップを踏んでいれば、アポイントが取れる可能性が高くなります。

59ページの例も参考にしながら、ぜひメールの文面を考えてみてください。

POINT

「自分がいかに役立つ存在であるか」を明確に伝える

13

対面営業は、電話やメールでアポイントを取るが、リモート営業は、手紙やハガキでアポイントを取る

対面営業ではお客様に電話して面談のアポイントを取る、いわゆる「テレアポ」が多かったものです。

私も営業スタッフ時代にテレアポを1日中やらされたことがありますが、ほぼアポが取れず疲れだけが残るといった感じでした。非常に効率が悪く、これが一番キツイ営業活動だったと思います。

当時はさんざんテレアポをやっていましたが、私にはトークのセンスがなく、性に合わなかったので、結局最後まで上達しませんでした。しかしそれが幸いし、「文章で伝える」という営業レターのノウハウにたどり着いたのです。

近年はテレアポよりも効率がいいということで、メールが主流になってきています。

リモート営業でもメールは新規客へアプローチするのに欠かせない手段ですが、ここではあえて**手紙やハガキを利用する**ことをオススメします。

そう聞いて、「今さら手紙やハガキ⁉」と思った方もいるでしょう。

手書きやアナログツールは地味なイメージがありますが、実は確実にお客様に届き、好印象を与えられる強力なツールなのです。

間違いなくリモート営業時代に強力な武器になります。

何もデジタルツールを否定しているわけではありません。SNS、メルマガ、メールなどでお客様とどんどんやり取りをしてもらって結構です。

ただ問題なのは、**デジタルツールが飽和している**ということです。

飽和しているということは当然その中に埋もれますから、新規客へのアプローチはむずかしくなります。

ですから、あえて手紙やハガキを送って差別化を図るといいのです。

〃ブルーオーシャン〃で勝負する

今日もあなたのところにいろいろな情報が届いているでしょう。

売り込みメールはもちろんのこと、SNSの広告など、少なくても100〜300通は届いているのではないでしょうか？

まさに**〃レッドオーシャン〃**です。

「レッドオーシャンでも技術を磨いて勝負する」といった方法もあります。しかし、これほどまでライバルがひしめく中を勝ち抜き、お客様から選んでもらうのは至難の業です。

今はアナログツールを使う人が珍しいと思いますが、私の営業スタッフ時代も、見込み客に手紙やハガキを送る人は10人に1人程度しかいないような〃ブルーオーシャン〃だったのです。

結果を出している人はライバルの少ない〃ブルーオーシャン〃に目をつけます。

今、あなたの家にお礼の手紙やハガキがどれほど届くでしょうか？

「そういえばしばらく見ていない」といった感じだと思います。

ということは、ブルーオーシャンで勝負すれば、おのずと勝率は高くなります。

たとえば、数人の営業スタッフと会った際、「お礼状」を送ってきた営業スタッフと「お礼メール」を送ってきた営業スタッフのどちらが印象に残るでしょうか?

ほとんどのお客様は、お礼状を送ってきた営業スタッフのほうが強く印象に残るものです。

実際の手紙やハガキの送り方・書き方は次項で説明します。

POINT

お礼メールよりもお礼状のほうがお客様の印象に残る

14

対面営業は、電話をかけて思いを伝えるが、リモート営業は、営業レターで思いを伝える

研修先のトップ営業スタッフ、Tさんのケースを紹介します。

Tさんは見込み客に対して定期的に手紙やハガキを送っています。実際にアナログツールで多くのアポイントを取っているのです。

Tさんのやり方はこうです。

まず、**見込みのお客様の住所を調べて1通の手紙またはハガキを送ります。**今はホームページに会社の住所が掲載されていますから、検索すればすぐに出てきます。

Tさんはその手紙やハガキに**「絶対に損はさせません」**と書いて、面談してもらうための自分の強い思いを伝えています。

そして**後日、面談のアポイントを取るために電話をかけます。**

【「アプローチハガキ」の実例】

○○　様

高崎北部エリアを担当しているABC株式会社の菊原智明

と申します。

貴社のランニングコストを軽減するご提案があります。

後日、下記の電話番号からお電話させていただきます。

どうぞよろしくお願いいたします。

全力でお手伝い
※ここに自筆で思いを書く

〒000-0000 群馬県高崎市○○町
TEL 000-0000-0000
ABC株式会社　高崎営業所　菊　原　智　明

ただ単に「お会いしませんか？」とお客様に電話しても相手にされませんが、**手紙やハガキを送っている分、話を聞いてもらえる確率が上がります。**

こうして人より3倍も多くアポイントを取っているのです。

一通一通書く時間を省く

この話を聞いて「なかなかできることじゃない」と思った人もいると思います。

たしかに一通一通、手紙やハガキを書くのは時間がかかります。

そこですべて手書きではなく、**「私はこういったお手伝いができます。後日お電話させていただきますのでよろしくお願いします」というような決まった文章は、パソコンで文字を打って印刷**するのです。

そこへ一言、たとえば「ぜひZoomでお会いさせてください」と手書きで添えます。

これだけで十分なのです。

手紙やハガキを送るタイミングはお客様に合わせていいと思いますが、**「ハガキ」→「メール」→「手紙」→「メール」というようにアナログツールとデジタルツールを組み合わわ**

せて交互に送るのも効果的です。

71ページに挙げたのが「アプローチハガキ」の実例です。
デジタルツール全盛の時代だからこそ、アナログツールでアポイントを取る。
ぜひお試しください。

POINT

定型文をつくり、手書きで一言添えて送る

15

対面営業は、近くに来たついでに訪問するが、リモート営業は、伝えたい情報が出たときに連絡する

対面営業では「たまたま近くを通ったものですから」と言って、お客様のところに顔を出すことがありました。

とくに法人営業では**〝御用聞き営業〟**をやっている方は多いと思います。御用聞き営業とは、お客様やクライアントのもとに用事がなくても定期的に訪問し、御用をお聞きして指定された商品を期日までに届ける営業スタイルです。

国民的アニメ「サザエさん」の三河屋のサブちゃんをイメージするとわかりやすいかもしれません。

サブちゃんがサザエさんの家の勝手口から「こんちわ〜、三河屋です！」と声をかけると、フネさんが出てきて「そうそう、お味噌とお醤油をいただこうかしら」となる場面を

一度は見たことがあるでしょう。サブちゃんは配達で近くを通るから、ついでに顔を出して注文をもらっているわけです。これこそ「ザ・対面営業」といえます。

実はこのサブちゃんの手法を、私も営業スタッフ時代に使っていました。見込みのお客様に対して「ちょうどこちら方面に来たものですから、寄らせていただきました」と言ってよく訪問したものです。これといって用事があるわけではないので、このように言い訳するしかありません。

当時は上司に「1日に最低でも10件、有効面談数（実際にお客様と会って話した数）を確保するように」と指示されていたので、そうやって数字を稼ごうとしたのです。

しかし、アポなし訪問のため、ほとんどのお客様からドアホンでシャットアウトされるか居留守を使われました。

ただ、たまにですが、**「ちょっと話が進みそうなの」というふうにお客様と偶然タイミングが合い、チャンスを得られることもありました。**

対面営業ではアポがなくてもこうしたことが起こったのです。

対面営業では「たまたま近くを通ったものですから」と言い訳しながらお客様と接点を持つことができましたが、リモート営業ではそれができなくなります。

他の手法を考えるしかありません。

「じゃあ、電話で様子をうかがおう」と考える方もいますが、そうすると難易度が上がります。何も用事がないのに、「ちょっと声が聞きたくなりまして……」とお客様に電話したらどうでしょうか？

一度は電話に出てくれるかもしれませんが、次からは間違いなく電話に出てくれなくなります。

お役立ち情報を送ってお客様と接点を持つ

では、どうやったらリモート営業でお客様と接点を持てるのでしょうか？

私のオススメはこうです。

前述した営業レターを使って、お客様にお役立ち情報を定期的に送ってください。お客様とは常に接点を持っておかないと、すっかり存在を忘れられてしまいます。

そのうえでお客様の知りたい情報が出たとき、しかもそれを直接口頭で伝えたほうがいい場合に限り、アポイントを取るようにします。

たとえば、**「お客様が希望しているエリアの物件が出てきました」というようにメールを送れば、お客様に無視されることはありません。**当然、お客様のほうから連絡が来ることがあります。

リモート営業ではお役立ち情報を送りながら、お客様の知りたい情報が出たときのみ、アポイントを取るようにしましょう。

お役立ち情報の内容例は次項で説明します。

POINT

本当に必要なときだけ現れる営業スタッフになる

16

対面営業は、お客様に恩を売るが、リモート営業は、お客様に情報を送る

対面営業ではお客様のところに訪問して〝お役立ち行為〟をすることがあります。

食品の法人営業をしている知人の営業スタッフは、暇さえあれば取引先のスーパーマーケットへ行って、商品の荷下ろしを手伝っていました。お客様の信頼を得るために効果的だったからです。

しかし、リモート営業ではこのような体を使ったお役立ち行為はできなくなります。その代わりにあなたがやるべきなのは、繰り返しますが、お客様にお役立ち情報を送ることです。お役立ち情報を1回ではなく2回、3回……と連続ドラマのようにシリーズ化して送ります。

この営業レターは、お客様やクライアントと信頼関係を築くために欠かせない戦略です。**お客様と信頼関係を築くというと一見、結果を出すのに時間がかかると感じるかもしれません。ところが不思議なもので、むしろ早く結果が出ます。**

私自身、営業スタッフ時代にお客様へのアプローチを訪問から営業レターに変えたところ、1、2か月でその効果が徐々に出始めました。

お役立ち情報の内容例

お客様にお役立ち情報を送る手段は、ハガキや手紙などのアナログツール、メールやSNSなどのデジタルツールのどちらでもいいですし、送る情報も、お客様が知っておくと役に立つ内容であれば何でも構いません。

たとえば、次のようなものがあります。

・すでに商品を購入した人からのアドバイス
・安く購入するポイント
・意外な使い方　など

私は「すでに商品を購入した人からのアドバイス」として、引き渡しが終わって住んでいる人の失敗談や後悔している例を編集して送っていました。

「キッチンにコンセントが足りなかった」
「洗面所が思ったより狭かった」
「寝室にベッドを入れたらサイドテーブルを置くスペースがなくなった」

こうした情報は購入を検討するお客様にとっては本当に役立つものになります。

扱っている商品によって、**助成金やポイントを使ってコスパよく買うための方法や、お客様が気づかない使い方の説明**などでもいいと思います。

いずれにせよ、他ではなかなか手に入らない情報ですから、お客様に送るたびに感謝されました。何かの手違いで届かなかったときは「今月分はどうしたの？」とわざわざ連絡をいただくこともありました。

お客様と信頼関係を築いておくと、その後の商談がスムーズに進みます。

私にとって**お役立ち情報は最強の営業ツール**であり、今やなくてはならない存在です。

むずかしく考える必要はありません。お客様の立場になり、どんな情報が一番役立つかを考えてみましょう。

POINT

お客様の立場になり、お役立ち情報を考える

17

対面営業は、人で買いたいと思わせるが、リモート営業は、商品のメリットで買いたいと思わせる

私の営業スタッフ時代にいたNさんは契約数こそ少ないものの、1人のお客様と深くつき合うという営業スタイルでした。お客様の家で夕飯を食べることは当たり前。お客様とお酒を飲んで、家に泊まったり、一緒に旅行に行ったりなど、家族のようなつき合い方をします。

平成生まれの方には信じられないかもしれませんが、こういった営業スタイルも以前は確実に存在していたのです。

当時、こんなことがありました。Nさんのお客様の「上棟」の日です。上棟とは、大工さんや職人さんが10〜20人集まり、一気に建物の柱や屋根などの基本構造を組み上げることです。

このときの建物の工法は、鉄骨のボックス（ユニット）を積み立てて組み上げる「ユニット工法」で、工場でユニットをつくり壁や窓を設置してから現場に運んで、20トンのクレーンを使って積み立てていきました。

しかし、その様子を見ていたお客様は「あれ？　家は鉄骨でできているんだ」とか「窓や壁までもう付いているんだね」などと話しています。

不思議に思った私は「Nから当社のユニット工法について説明を聞いていませんか？」と質問すると「いやあ、別に何だっていいんだよ。Nさんを信用しているから」と答えられたのです。

これには驚きました。一生に一度の大きな買い物の「家」の話です。

まさに**「商品でなく人で決める」**です。

ここまでお客様と信頼関係を築いているNさんのことを、私はとても偉大に感じたのです。

その後、私はトップ営業スタッフになりました。

信頼関係を築いたお客様から「会社が気に入ったわけではなく、菊原さんだからお願いしたんですよ」と言われたこともあります。

営業スタッフとしてこれほどうれしいことはありません。対面営業ではお客様とこうした関係になることが理想でした。

画面越しのつき合いでは限界がある

それでは、リモート営業はどうでしょうか？

絶対に無理とは言いませんが、対面営業ほどお客様と深い関係になるのはむずかしいと思います。

メールやパソコンの画面越しのつき合いでは限界があります。お客様との関係はどうしても希薄にならざるを得ません。

これからは商品に対するお客様の理解が浅いまま、契約を取ることは厳しいでしょう。リモート営業ではメールや営業レターでお役立ち情報を送りながら長期的な関係を築きます。

そのなかで、次のようなことについてもしっかりと伝える必要があります。

・自分の会社の商品であれば夢が叶うということ
・「コスト面」や「時間的効率」などの商品のメリット
・「客観性のある」競合他社との比較　など

結果が出せるかどうかは**「あなたでなくてもこんないい商品なら買いたい」と思ってもらえるかどうか**にかかっているといえます。

POINT

お客様がのどから手が出るほど欲しがるメリットを伝える

18

対面営業は、重点顧客をまず攻めるが、リモート営業は、長期的にお客様をフォローする

私は営業スタッフ時代、お客様に対して営業レターを使って長期的なフォローを行い、契約を取っていました。

その際に**重視していたのは「すぐ話が進む2割のお客様」ではなく、「やや先のことと考えている8割のお客様」**でした。戦略として中長期のお客様に狙いを定めたということです。

当時は次のようにお客様にランクをつけていました。

- Aランク……土地アリ、3か月〜1年以内に結論を出すお客様
- Bランク……土地ナシ、3か月〜1年以内に結論を出すお客様

●Cランク……土地アリ、1年以上先に検討するお客様
●Dランク……土地ナシ、1年以上先に検討するお客様

私以外の営業スタッフは、AランクかBランクのお客様を重点フォロー客として扱っていました。その一方、CランクとDランクのお客様は「時間があればフォローすればいい」と考えて放置していました。

会社には「重点フォロー管理シート」があり、1週間に1度、上司への報告が義務づけられていたからです。

しかし、私は**CランクとDランクのお客様に営業レターを送り続けて、手厚くフォローしたのです。この戦略によって結果を出してきました。**

営業レターでフォローしていたお客様とは信頼関係が築けているので、その後の商談がスムーズに進みます。

競合も少ないため、いい条件で契約を取ることができますし、契約してからもクレームがほぼありません。

また、お客様が新たなお客様を紹介してくれます。こうなれば自然と結果が出るようになるわけです。

重点顧客だけをターゲットにしない

8割のやや先のことを考えているお客様にターゲットを絞るのは、とくにリモート営業で結果を出すために必要な考え方です。

これまでの対面営業は、2割のすぐ話が進むお客様だけを追いかけていても、結果を出すことができました。コミュニケーションスキルやクロージング能力に長けている営業スタッフであれば、競合がひしめく中を勝ち抜くことができたのです。

しかし**リモート営業になると、お客様は今までより手軽に商談できるため、競合は増える**ことになります。

さらに、対面営業で使えたトーク術もパソコンの画面越しでは効果が弱まるため、凄腕《すごうで》の営業スタッフでもそう簡単に契約は取れなくなるのです。

実際、「かつて自分は競合で負けたことないので」と豪語していた営業スタッフは、リモート営業になってから勝率がガクンと落ちました。「最近はなかなか勝てませんね」と嘆いているのです。

ネット全盛の現在では、**SNSや口コミの影響が大きくなります。**

お客様から信頼され、その関係を深めていき、そしてお客様の家族、お友だち、会社の同僚、趣味の仲間などを紹介していただくのが、リモート営業に必要な戦略です。

重点顧客だけをターゲットにしている営業スタッフは時代に取り残されていきます。これからはお客様と長期的につき合い、パートナーになる営業スタッフを目指してください。

お客様と長期的な関係を築くには駆け引きは必要ありません。原価・利益などを包み隠さず伝えてお客様の信頼を得ているリフォーム会社もあります。できる範囲内で正直に伝えてみてはいかがでしょうか。

POINT

今まで軽視していた8割のお客様を大切にする

第2章 まとめ

- 〝数うちゃ当たる〟は愚者の戦略。アプローチのメールは一斉でなく、ピンポイントで送信する。
- メールの文面は練りに練って丁寧につくる。自分の気持ちをこめて送るべし。
- 「どこの誰かを伝える」「メールを送った動機を伝える」「会うに値する信頼を得る」の3ステップを踏む。
- 手紙やハガキなどのアナログツールによる〝ブルーオーシャン戦略〟で競合に差をつける。
- 定期的に〝お役立ち情報〟を送り、お客様と信頼関係を築いて、常に接点を切らさない。
- 「人で選ぶ」はもうあり得ない。「こんないい商品なら買いたい」と思ってもらえるかどうかにかかっている。
- お客様の評価を重視して、長期的につき合い、パートナーになる営業スタッフを目指す。

第3章

リモートは準備が肝心!
9つの面談対策

19

対面営業は、少しザワザワしている場所でも話ができるが、リモート営業は、静かな場所でないと話ができない

リモート営業ではお客様とアポイントが取れたら、Ｚｏｏｍなどを使って面談を行うことになります。

ここで注意すべきは、まず**「ネットの環境」**です。最初にどこで商談をするのかを**インターネットの接続が安定している場所で決めます。**このことは説明するまでもないでしょう。

次に気をつけたいのが**「音の環境」**です。

私が営業スタッフ時代、お客様との商談は商談ルームもしくは展示場の一部、ダイニングルームやリビングなどで行うことになっていました。

商談ルームは個室で閉め切った部屋ですから、周囲の雑音が入らず話に集中できます。

ただ、口数の少ないお客様とは話が盛り上がらず、シーンと静まり返ることがありました。これは結構気まずいのです。

そのため、私のお気に入りはダイニングルームでした。周りの人の話し声や雑音があるほうが、むしろ話は弾みました。お客様も私も音がない状態よりリラックスできるからだと思います。

対面では少しザワザワしている場所でも話はできますが、リモートではどうでしょうか？

ちょっとした物音でも会話の妨げになります。

とくに自宅で面談をする際は、できるだけ家電から遠い場所を選んでください。

たとえば、エアコンや空気清浄機、サーキュレーターや、他のパソコン、プリンター、電話機、ファックスなどの近くは避けてください。他にはペットの鳴き声などもそうです。

生活音は意外と気になるものです。

もちろん、面談中はパソコンのキーボードは打たないようにします。

環境を整える

さらに**「画面の背景」**も重要です。

「クレショフ効果」という心理学用語をご存じでしょうか。クレショフ効果とは簡単にいうと、**一緒に映っているものでその人の印象が決まる**ことです。

たとえば、面談中に散らかった部屋が画面に映り込んでいたらどうでしょう。「この人はきちんと自己管理ができないのでは？」という良くない印象を持つと思います。

「何も持たない〝ミニマリスト〟のような部屋にしてください」とまでは言いませんが、**整理整頓は必須**です。

理想は白いシンプルな壁におしゃれな絵や写真が飾られている、そんな背景でしょうか。住宅展示場のリビングのイメージです。

そこで私はというと、リビングの壁と窓を背景にし、落ち着いた知的な雰囲気をつくっています。

ちなみに、テレビの報道番組などにリモートで出演する専門家の多くは、「本棚」をバックにしています。一緒に映り込んだその本棚も、その方たちの価値を上げているのです。

もしどうしても部屋の様子が見せられる状態でなかったら、**「バーチャル背景」**を使ってください。

もちろんその際は、リゾート感のある背景ではなく、ビジネス向けのシンプルな背景を選びましょう。

POINT

画面に散らかった部屋が映り込まないようにする

20

対面営業は、お客様の顔全体を見るが、リモート営業は、パソコンのカメラを見る

あなたがお客様だとして、目の前の営業スタッフが一度も目を合わせなかったらどうでしょうか。どんなにいい話を聞いても「これはあやしい！」と思うでしょう。

以前、対面で個人コンサルティングをさせていただいたときのことです。30代前半の中堅の営業スタッフの方でしたが、この方は話をする際、私と目を合わせません。

営業で結果を出すためのコンサルティングですから、目を合わせないことについて指摘したところ、「えっ？　目を合わせていませんか？」と驚いていました。

この方は話し始めの1秒だけチラッと私の目を見ていましたが、それで「きちんと目を見て話をしている」と思っていたのです。

そこで、私は視線について「顔全体を観察するようにしてください」とアドバイスさせ

ていただいたのですが、それからしばらくして、その方から「目だけではなく鼻や口元も見るようにしたら、お客様の様子がよくわかるようになりました」という報告がありました。もちろん、結果も出ているようです。

対面でもリモートでもお客様と目を合わせることは必要です。

対面ではお客様の顔全体を見るようにしますが、リモートではカメラを見ることを忘れないようにしましょう。

お客様と目を合わせるためには、**カメラの位置を目線と同じ高さに合わせます。**

ノートパソコンはデスクに置くとカメラの位置が低くなり、どうしても下からのアングルになりがちです。

試しに鏡を自分の顔の下に置き、覗いてみてください。目線が下がり、目の下にクマができたように映ります。さらに二重あごになったうえ、ほうれい線もくっきり映るようになるのです。

これではせっかくのイケメンや美人が台無しです。何より、**お客様から見て〝上から目線〟に映るのが一番の問題**です。

あえて外付けのウェブカメラにつなぎ、スタンドなどでカメラの位置を上げる手もありますが、面倒であればノートパソコンの下に本などを置いて高さを調整してもいいでしょう。もちろんこのとき、画面が揺れないようにしっかり固定してください。

ちなみに私はパソコンスタンドを使っています。油圧式で上下するので、リモートで面談するときはやや高めにしています。

"リモート映え"を意識する

カメラ映りは照明でもまったく変わってきます。

自宅でノートパソコンを使うのであれば、日光や照明が顔に当たる場所に移動しましょう。光を背にする「逆光」の状態はもちろん避けてください。

Ｚｏｏｍには画面の明るさを調整できる機能がありますが、部屋の明るさだけでなく光の当たり方も確認して、ベストな画面の映り方になる位置を探しておきます。

私の知人の女性は"リモート映え"のためにデスクライトを用意し、斜め前から光を当てるなど、しっかり顔に当たるように常に研究していると言います。

その他、ライトにトレーシングペーパーを貼ったり、レフ板（スケッチブックの白い紙の部分でも代用可能）を使ったりするなど、いろいろ工夫をしている方もいます。これならそれほどお金をかけずにできると思います。

リモートで面談中は**カメラを見ながら話すことで、お客様には「目を合わせている」というふうに映ります。**相手の目を見るからこそ、言葉に説得力が生まれ、伝わりやすくなるのです。

「この人はアイコンタクトをしているな」と相手に安心感を与え、自分の話を理解したうえで納得してもらいましょう。

これはお客様の話を聴くときも同様です。カメラを見ながら、あいづちを打ったりうなずいたりしましょう。

POINT

画面越しでもお客様の目を見て話すことが大切

21

対面営業は、自分がどう話しているかを意識するが、リモート営業は、相手にどう聞こえているかを意識する

ある会社の研修担当の方とリモートで打ち合わせをしたときのことです。

私はこの方と以前にお会いしており、「仕事のできる人だ」という印象を持っていました。ところが、リモートでは同じ人でもまったく印象が違います。マイクの音量に問題があったためか、声が聞こえにくいのです。音が小さいので、どうしても話が頭に入ってこない感じになってしまいます。

対面であれば自分の声が相手に聞こえているかどうかわかります。しかし、**リモートでは自分がどれくらいの声の大きさで話しているかがわからなくなる**のです。

お客様によっては「ちょっと声が聞こえにくいようですが……」と言ってくれることもあるでしょう。しかし、お客様の興味のある話であればともかく、そうでなければ普通は「まあ、いいか」と流されてしまうと思います。

私はこの方とすでに対面でお会いしているので優秀だとわかっていますが、リモートだけのつき合いだったらどうでしょうか。おそらく、ほとんどの人にこの方の優秀さは伝わらないでしょう。

コミュニケーションの法則で有名な**「メラビアンの法則」**は、誰もが一度は耳にしたことがあるはずです。

話し手が聞き手に与える影響は**「視覚情報」（55％）→「聴覚情報」（38％）→「言語情報」（7％）**の順に大きいのですが、これは対面での話です。

リモートになると話は違ってきます。

対面では主に視覚情報、たとえば見た目や表情、視線、しぐさ、ジェスチャーなどに注意が向きます。しかし、画面越しではそれらが制限されてしまうので、聴覚情報である声の大きさ、トーン、速さ、口調などや、言語情報である話す内容や言葉の意味などの割合、つまり、**音や言葉のウエートが大きくなる**のです。

対面でも自分が何を話すか、どう話しているかは大事ですが、リモートでの相手にどう聞こえているかということのほうが、はるかに影響があります。

お客様の声を聞き逃さないための工夫

もちろんこちら側に何かしら問題があって、お客様の声が聞こえない、聞き逃してしまうのはいただけません。

リモートで面談中は雑音が入らないようにすることは基本です。**テレビ、ドアホン、電話の音**など。

スマホをマナーモードにしておくのは対面営業でも変わりませんが、**メールやSNSの着信音は消しておきましょう。**これは結構聞こえています。

お客様に生活音など周りの音が聞こえてしまいそうで心配なら、イヤホンマイクやマイク付きのヘッドセットを使いましょう。そうすれば雑音をシャットアウトでき、お客様の話に集中できるので、聞き逃すことも少なくなると思います。

とくにノイズキャンセリング機能付きがオススメです。お客様の声が聞こえにくいときは、自分のイヤホンが周りの音を拾っている可能性がありますが、ノイズキャンセリング機能付きであれば心配無用です。

なお、イヤホンは無線（ワイヤレス）よりも有線のほうが安全です。
ノートパソコンの充電はもたないことがよくあるので、十分に充電しておきます。
オンライン商談をスムーズに進めるために、念には念を入れて注意しましょう。

POINT

雑音が入らない状態をキープしておく

22

対面営業は、服装にこだわるが、リモート営業は、髪型とメイクにこだわる

対面営業は出会って数秒で印象が決まります。

たとえば、あなたがお客様だとして、ヨレヨレのスーツを着ている営業スタッフが現れたらどうでしょうか。どうしても今すぐ必要なものなら我慢して話を聞くかもしれませんが、そうでなければ「次の機会にするか……」と思うでしょう。

逆にピシッとクリーニングされたスーツで登場したらどうでしょうか。話を聞く前にすでに「この営業スタッフは安心だ」といった印象を持つものです。

当然ですが、リモート営業では全身が映りません。だからといって服装がまったく関係ないわけではなく、画面越しとはいえ気をつかう必要があります。

男性の場合、「ネクタイをしてください」とまでは言いませんが、せめて襟のあるシャ

ツを着るようにしてください。女性の場合は、ビジネスにふさわしいブラウスなどを着るようにしましょう。**ラフすぎる服装はオススメしません。**

近年のパソコンやスマホのカメラは性能が上がり、意外と細かい部分まで映ってしまいます。寝癖はもちろんのこと、髭《ひげ》の剃り残しもわかってしまいます。さすがに臭いまでは伝わりませんが、**清潔感はリモートでも伝わる**のです。

以前、男性の営業スタッフの方とリモートで打ち合わせをしたときのことです。画面越しにもかかわらずマスクをしていたので、「マスクを外していいですよ」と言ったところ、「いやぁ〜、髭を剃っていないので取れません」と断られたことがあります。

よく見れば寝癖もついていました。「気取らない感じが好き」という方もいるかもしれませんが、私はあまり好印象を持ちませんでした。

逆にセットした髪型で、リモートなのにしっかりメイクをしていた女性の営業スタッフの方もいます。このほうが何倍も好感を持つのです。

ところで、画面上は上半身しか映らないので、「下半身はジャージなどのラフな格好でもいい」という意見もありますが、それについて私は反対です。

相手はわからなかったとしても自分はわかります。ですから、どこか気が抜けてしまうと思うのです。

ちなみに私は、対面でも使えるチノパンやストレッチのズボンを穿いています。これなら何かの拍子に映ったとしても大丈夫ですし、何より気合が入るのです。

見た目から気合を入れる

営業スタッフの中には美肌に補正する機能を使う方もいるようです。

Ｚｏｏｍの**「美肌機能」**はたしかに顔色や肌の質感を補正してくれますが、これはあくまでも〝補正〟です。やりすぎは不自然になります。

そのうち、「寝癖も補正され、スッピンでも自然にメイクしているようにできる機能」も登場すると思いますが、実際のメイクにはかないません。

そこで、まずは画面上で映えるテクニックを学びましょう。

・眉毛の手入れをする

・前髪で顔が隠れないように上げておく
・乳液や保湿クリームを塗って肌ツヤを良く見せる　など

これらは男性でも簡単にできることです。私自身も気をつけています。

不安な方はメイクに詳しい知人から話を聞いてもいいですし、今はネットで検索すれば動画で丁寧な説明を見ることができます。

リモート営業でも見た目を整えて臨みましょう。これは男性でも女性でも同じです。

お客様やクライアントに好印象を与えられるのはもちろんのこと、自分も気合が入ります。

POINT

画面上で映えるテクニックを学ぶ

23

対面営業は、あいづちが有効だが、リモート営業は、うなずきがより有効

対面営業ではお客様が話しやすいように「適度なあいづちを打つといい」もしくは「合いの手を入れるといい」といわれています。

もしあなたが真剣に話をしているときに、目の前の人が無反応だったらどうでしょうか。相手がうんともすんとも言わない態度なら、話は続かなくなるでしょう。適度なあいづちがなければ、コミュニケーションはとれないのです。

あいづちも何でもいいわけではありません。真剣に話しているのにもかかわらず「はいはい」とか「へぇ〜」とか素っ気ない感じだったらどうでしょうか。やはり、一瞬にして話す気がなくなると思います。

トップ営業スタッフは総じてお客様から話を引き出すことに長けていますが、それはあ

いづちの打ち方がうまいからです。話に合わせて、「なるほどねえ」「う〜ん、それはすごい」「さすがですね」などとうまくあいづちを打ちます。お客様は気分が良くなり、どんどん話をしてくれるようになるのです。

リモートでの面談は画面越しになるわけですから、**ややオーバーなくらいに首を縦に振り、「あなたの話をよく聞いていますよ」というメッセージを強調しましょう。**

対面営業でもうなずいたりしますが、リモート営業ではより積極的にうなずくことを心がけましょう。**「いつもの2倍」くらいでちょうどいい**と思います。

リモート営業は自分の表情や動きを見ながらお客様と面談することになります。うまく調整しながら会話を進めてください。

画面上でどのように伝わるか？

リモートでの面談のやり取りを録画して、その動画をチェックするのもオススメです（お客様の許可を取ることを忘れずに）。

Ｚｏｏｍをはじめとするウェブ商談ツールにはたいてい**「録画機能」**がついています。

あとで内容を確認するときに便利なので、利用している人は多いと思います。

動画を見返すときはぜひ話の内容だけでなく、自分の姿、表情や動きも同時にチェックしてください。

自分が話している姿を見るのは意外にハードルが高く、ガッカリする場合も多いでしょう。

私にも経験がありますが、リモートでの研修を動画で見返すと、無表情で愛嬌がぜんぜん感じられませんでした。その様子に私は立ち直れないくらいのショックを受けたのです。そのときはつらかったのですが、おかげで改善点がいくつも見つかりました。「笑顔でゆっくり大きくうなずく」「目線を上にする」など改善を繰り返した結果、今はずいぶんとマシになっています。

リモート営業で結果を出している人はお客様が話をしている間、「話をよく聞いている」という態度を見せます。人とのコミュニケーションにおいて、顔の表情などのボディランゲージの重要性を理解していて、「画面上でどのように伝わるか」ということに対する意識が高いのです。

常に笑顔になるように鏡を見てニッコリし、画面上で確認することを怠りません。ですから、お客様に感じのいい雰囲気を伝えられるのです。

リモート営業ではオーバーにうなずくリアクションで、お客様が話しやすい雰囲気をつくってください。

そのためにはリモートでの面談のやり取りを録画して、毎回チェックしてみることです。

これは今後の営業の大きな学びになります。

POINT

自分の姿、表情や動きを録画してチェックする

24

対面営業は、できる人の外見から真似るが、リモート営業は、できる人の話し方から真似る

短期間で結果を出すために、すでに結果を出している人を見て真似る〝モデリング〟は欠かせません。営業活動でのモデリングは、憧れのトップ営業スタッフの外見や行動パターンなどをそのまま真似ることです。これが成功への一番の近道になります。

対面では見た目の印象の影響が大きいですが、リモートの画面越しでは話し方や話す内容の影響が大きくなります。

ということは、リモート営業で結果を出すためにはトップ営業スタッフの外見ではなく話し方から真似するのが効果的といえます。

あなたの周りに会話をしていて「心地いいなぁ」と感じる人がいると思います。目標としているトップ営業スタッフの方でも、会社の同僚や仲間でも、友人でも家族でもいいの

で、話し方をモデリングの対象にするのです。

私にも「話し方が好き」という知人が何人かいます。話していて心地いいと思える方というのは、会話のペースがゆっくりで、意識して話の間をとってくれます。私がしばらく黙っていると、「菊原さんはどう思いますか？」と水を向けてくれます。

会話はキャッチボールが大切です。一方通行ではありません。お互いに質問したり、答えたりするからこそ、会話が盛り上がります。


たとえば、私が話していて心地いい方の特徴は次のようなものです。

・ゆっくりとしたペースで話をしてくれる
・適度な間があり質問できる
・1回の話が短く明確
・ハキハキしていて聞き取りやすい　など

一方、そうではない方もいます。ベラベラずっと話すので質問する間がなかったり、ボソボソと小声で話すので話が途切れて黙ってしまったりすれば、会話は盛り上がらないでしょう。話せば話すほどストレスがたまる方もいるのです。

対面なら間を持たすこともできるかもしれませんが、リモートではなかなかそうはいきません。お客様は「一刻も早く切りたい」と思うからです。こうした話し方はリモートではとくにマイナスになるのです。

録画した動画を見せてもらう

あなたの周りにいるリモート営業で結果を出している人を探して、その方の話し方をモデリングしてください。

可能であればこのときに、**お客様とのやり取りを録画した動画を見せてもらう**といいでしょう。

上司や先輩には頼みにくいかもしれませんが、同僚や仕事仲間は協力してくれる可能性があります。

これもむずかしいなら**自分がお客様役になって、周りの営業スタッフの方のプレゼンを受けてみる**という手もあります。そのようななかで参考になる話し方がきっと見つかると思います。

対面営業では「初対面の印象は15秒で決まる」といわれるように、外見が重要でした。もちろん外見以外も重要ですが、お客様に見た目で嫌われるとそもそも話を聞いてもらえなくなります。ですから、話し方以前に外見を磨く必要がありました。

しかし、**リモート営業では外見での先入観が対面のときより働かなくなるので、話し方がより重要**になります。

リモートで上手に話す人の話し方を研究しましょう。

POINT

すでに結果を出している人の話し方をモデリングする

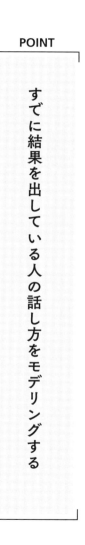

25

対面営業は、伝え方のトレーニングが必要だが、リモート営業は、聴き方のトレーニングが必要

対面営業では「伝え方」のトレーニングが必要です。下手な商品説明はお客様の購買意欲を下げます。

上手な商品説明はお客様の購買意欲を上げ、売上につながることは事実ですが、気をつけないといけない点があります。**伝え方ばかりに意識が向くと、お客様を無視して説明ばかり続けてしまう**ということです。

営業スタッフ時代のことです。当時の私は「商品知識を豊富にしてうまく説明できれば売れるようになる」と思い込んでいました。そのため、同僚や後輩にお客様役をしてもらうロープレ（ロールプレイング）を必死にしていたものです。それが売れる営業スタッフへの一番の近道だと信じていたからです。

私は毎日商品について勉強し、「どう説明すればより伝わるか」という練習を繰り返していたのですが、残念ながらトレーニングすればするほど売れなくなっていきました。伝えることに意識が偏り、聴くことがおろそかになったのが原因です。もう少しヒアリングするという意識があれば、トレーニングした内容も活きたと思います。

リモートは対面と比べて自分の伝えたい内容が伝わりにくくなります。そして**画面越しではどうしても集中力が落ち、緊張感が続かなくなります。**お客様は営業スタッフの話が長くなると気を抜いてしまうので、営業スタッフはトークに頼るのではなく、資料やデータも画面共有で見せながら、お互いに考えにズレがないように伝えたいものです。

リモート営業で結果を出すためには、伝えるよりむしろ聴くこと、「聴き方」のトレーニングが必要でしょう。

リモートでの面談は時間が限られているわけですから、**無駄な質問で時間をロスさせないことが大切です。話すよりも聴くほうに集中し、お客様のご要望を引き出すことが重要になってくるのです。**

やり方としては、まず**基本的な項目（予算、納品時期、グレード、使い方など）を聴き逃さないようにヒアリングしていきます。質問は前もってリストアップしておくとモレがなくなります。**

ディープヒアリングの例

さらにリモート営業で結果を出すためにはもう一歩踏み込んだ**「ディープヒアリング」**が必要です。先ほどの基本的な項目から、**「なぜ、その予算なのか？」「どうしてその時期に必要なのか？」**といった〝根幹〟をヒアリングしていきます。深く聴くからこそ、的を射た提案ができるようになるのです。

リモートではお客様の意図や本心をつかみにくくなります。質問の内容を吟味し、対面以上に深く聴くようにしましょう。たとえばこのような感じです。

営業スタッフ「月々の支払いはいくらまで考えていますか？」
お客様「そうですねぇ、5万円くらいですかね」
営業スタッフ「5万円ということですが、その理由は何でしょうか？」

お客様「実は車のローンがあと3年残っていましてね。重なると厳しいんです」
営業スタッフ「3年間は低額にして、4年目以降は増やすという方法もありますが」
お客様「なるほど、それはいいですね」

このように理由までヒアリングすれば、ただ単に「月々5万円以内」というのとは違った提案ができます。

「対面では自然にできるのに画面越しだとうまくできない」という営業スタッフの方は友人や家族に協力してもらい、身近な人の話を深く聴くところから始めましょう。

POINT

友人や家族に頼んでヒアリングの練習をする

26

対面営業は、お客様の質問にじっくり考えて答えるが、リモート営業は、お客様の質問に即答する

対面営業ではあわてず、じっくり考えて答えるスタイルのほうがいいといわれてきました。

お客様の質問に対して、あいまいな記憶で「おそらく〇〇くらいだったと思います」などと回答してはダメなのです。いい加減な答え方をすれば、あとで間違いが発覚したときに信頼を失うからです。

信頼を失うどころか、後々クレームや問題になることもあります。

そのため、慎重に考えてから答えたほうがいいですし、もし自信がないなら一度持ち帰るのが普通だったのです。

それでは、リモート営業はどうでしょうか。**考えてから回答するより、瞬時に判断して**

即答することが求められます。

打ち合わせや商談で「予想していなかった展開になったとき」「想定外のことを言われたとき」などは、スパッと回答を返せるかどうかが、リモート営業の成否を分けるのです。たとえば、お客様が「もしこうなったらどうなるのでしょうか？」と質問してきたとします。その際はすぐさま**「この件に関しては〇〇なので大丈夫です」**と的確に切り返すのです。

面談中にお客様から厳しい質問を受けて、「う〜ん、それはちょっと……」と口ごもっていたのでは結果は出ません。説得力のある言葉が瞬間的に出てくるかが勝負の分かれ目になります。

頭の回転がいい人＝前もって準備している人

ではどうすれば瞬時に判断して即答できるようになるのでしょうか？

その方法はズバリ、**お客様がしてきそうな質問を前もってリストアップし、その質問に対する答えを用意しておく**ことです。

「今が一番の買い時ですか？」
「他にもいい物件が出てくるのでは？」
「他社と比較してコスパはどうでしょうか？」

このように、お客様はいろいろなことを質問してくるように感じますが、次のようにいくつかのパターンがあります。

・お金や支払いの問題
・「本当にこれでいいのか？」という不安
・「買った後にちゃんと面倒を見てくれるか？」という心配　など

そして**出てきた質問を「お金」「時期」「商品」などとカテゴリー化して、5〜10個に集約します。**それらについて一つひとつ回答を考えていくのです。

できればこのとき、説明の補足資料もつくっておくといいでしょう。

ここまでやっておけば、面談中にお客様からむずかしい質問をもらっても、想定の範囲内なのですから、そのときのベストな回答をスパッと返せるようになります。

営業スタッフで「頭の回転がいい」という人は、生まれ持っての才能というわけではなく、前もって準備しているだけなのです。

日頃からお客様の質問について考えて、答えの引き出しをたくさんつくっておきましょう。

POINT

即答できるように想定される質問の回答を用意しておく

27

対面営業は、資料を当日に持参するが、リモート営業は、資料を1週間前にメールで送る

営業スタッフ時代のことです。私が事務所で、その日にあるお客様との商談の準備をしていると、上司に「菊原、ちょっと先月の報告書を出してもらえるか」と声をかけられました。

今月分はすぐに出てきますが、先月分となると捜すのに時間がかかります。商談の資料をつくるのに支障が出てきます。そのため、「この後の商談の準備があるので、あとでいいですか？」と申し出ると、上司から「なんで今日の商談準備を今しているんだ！　そんなの前の日にやっておけ！」と怒鳴られたのです。

このときは「いきなり報告書を出せなんて勝手なことを言う人だ」と腹が立ったものです。しかし、**上司の言うことは間違っていません。準備は前の日にやろうと思えばできたのですから。**

このように商談の準備をギリギリまでしないのは、**対面営業ではお客様に会う前までがデッドライン**だからです。お客様が席についたのを確認してから、「では資料をご覧ください」と広げればよかったわけです。

しかし、リモート営業になるとそうはいきません。商談の資料の提出は、対面営業のときよりも、当たり前ですが早くなります。**遅くても3日前、理想は1週間前に資料を提出しておく必要があります。**

少し前のことです。広告の営業スタッフの方とリモートで面談の予定があったのですが、その方は面談日の1週間前にメールで〝ご提案資料〟を送ってくれました。

私はすでに目を通して、「この内容でこの金額なら問題ない」と納得していました。時期的なことで質問があったので予定通りリモートで打ち合わせをしましたが、メールで「この内容でお願いします」と送ってもいいぐらいだったのです。そして5分もしないうちに契約を決めました。

「1週間前に出さなくてはならない」と考えると憂鬱になりますが、**「1週間前に出せば**

「商談をしなくても契約が取れることもある」と考えてみたらどうでしょう。がぜんやる気が出ると思います。

お客様が〝自己説得〟する時代

対面営業では営業スタッフが説明して売る時代でした。

しかし、リモート営業は違います。**お客様が自ら事前に送られてきた資料を読み込み、「なるほど、これならいいんじゃない」と〝自己説得〟する時代**です。

必要な資料を1週間前に送っておけば、お客様も時間がとれるので、じっくり目を通してくれると思います。

あらかじめメールで資料を送っておいた結果、「商談が必要なくなった」なんてことがこれからは起こるのです。

もちろん、資料を送っただけですべて決まるわけではありません。

資料を事前に送っておけば、お客様から「このオプションを追加するといくらプラスになりますか？」「今契約するといつ納品になりますか？」などと質問されることもあります。

そうなれば、前もってその質問に対する資料や見積もりなどを用意しておくこともできます。

しかも当日に話し合う内容が整理できますし、その日までに資料や見積もりなどを修正してあらためてお客様に送ることができるので、商談がスムーズに進みます。

商談の成功率アップのためにも、資料は1週間前に送るようにしましょう。

POINT

早く資料を送ると、商談をしなくてすむ場合もある

第3章 まとめ

●「ネットの環境」「音の環境」「画面の背景」に注意する。生活音は意外と気になる。
●〝上から目線〟にならないようにカメラの角度を調整し、〝リモート映え〟を意識する。
●画面越しは「視覚情報」が制限される。「聴覚情報」と「言語情報」に重きを置く。
●メイクやスキンケアは第一印象を良くするためだけでなく、自分に気合を入れるためにも効果的。
●うなずきはオーバーに。「いつもの2倍」くらいでちょうどいい。
●会話はキャッチボール。話すペースはゆっくり、意識して間をとって、「心地よさ」を心がける。
●話すことより聴くことに集中し、「ディープヒアリング」でお客様のご要望を引き出す。
●お客様からの質問にはパターンがある。その場で答えられるように、事前に回答を準備しておく。
●資料の提出は1週間に前倒し。お客様にメールで送っておけば、商談をしなくてすむ場合も。

第 4 章

確実に契約につながる 9つの商談テクニック

28

対面営業は、5分の遅刻が許されることもあるが、リモート営業は、1分の遅刻でも許されない

今は時間に正確な私ですが、営業スタッフ時代は割と甘いところがあり、営業スタッフとしてやってはいけない「アポイントに遅れる」というミスをしたことがありました。

約束をしていたお客様の家は事務所から1時間近くかかる距離にあり、いつも10〜20分くらい早く着くように事務所を出発していました。しかしその日は直前まで仕事が終わらず、時間的にほとんど余裕がない状態で出発することに。こういうときに限って突然の工事で大渋滞……なんてことになります。

お客様に連絡を入れましたが、結局約束に5分ほど遅れて到着したのです。このお客様は時間に正確な方だったので、「きっと信頼を失っただろうな……」と思いながら、時間ギリギリまで資料をつくっていたこと、予想外の渋滞に巻き込まれてしまったことを話したのです。

するとお客様は意外な反応を示します。笑顔で「そんななか、よく5分遅れで来られたね。ご苦労さん」と温かい言葉をかけてくれたのです。遅刻はいけませんが、信頼を失うことはありませんでした。このお客様からは無事に契約をいただいたのです。

対面営業では「道が混んでいまして」もしくは「電車が遅れまして」という遅刻の言い訳が通用する場合があります。とくに売れっ子営業スタッフになるとアポイントが詰まってきて、約束しているのに10分も20分もお客様を待たせることも。それでも怒らず、お客様は待っていてくれました。

しかし、リモート営業ではそうはいきません。お客様と「10時からZoomで商談」のアポイントを取っていて、そこに3分遅刻したらどうでしょうか。パソコンの前で待たされる3分は長く感じます。**たった1分の遅れでも、Zoomのルーム（サイト）から退出してしまうお客様もいる**のです。

もちろんこうなれば次はありません。「資料に不備があった」「提案が思っているのと違った」などのミスなら「のちほど資料を修正してメールで送ります」と対処すれば挽回できるかもしれませんが、遅刻は致命的です。

絶対に遅刻しないために、**商談の10分前にはパソコンの前にスタンバイして、3分前になったらルームに入っておく**ようにしましょう。

声のケアを忘れない

商談の10分前といっても、必要な資料を読み返したりしていれば、あっという間です。

このときにぜひ忘れずにやっておいてほしいのが**「発声練習」**です。

自分の声には私も苦い経験があります。リモートで営業研修をしたときのことです。10分前からスタンバイし、始まるのを待っていました。ところがいざスタートすると痰《たん》が絡まった状態のようになり、いつもの声が出ないのです。その状態で声を出していたので、気づくとガラガラ声になっていました。

実はこの前日に久しぶりに飲みに出かけたため、朝からのどの調子があまり良くなかったのです。

何とか無事に研修は終わり、しばらくしてその日に撮影した研修の動画が送られてきました。その動画を見ると、私の声は全体的に張りがなく、話し方も熱意がまったく感じられませんでした。

とくにスタート直後はガラガラ声を気にしていたせいか、集中していない感じが伝わってきます。私は動画を見ながら、「これじゃあ内容の半分も伝わらないな」とつくづく思ったのです。

対面営業では商談の時間前にアポイントの場所に行って静かに待つのが常識でした。しかし、オンライン商談では開始10分前から「あえいうえおあお」と発声練習をしたり、のどスプレーを使ったりして、滑らかに声が出るようにするための準備やケアが大切になってきます。

Zoomではマイクやスピーカー、ビデオのテストを行うことができます。**スピーカーやマイクの音量を調整しながら発声練習をすればモチベーションも上がってきます。**

POINT

開始10分前から発声練習をして待つ

29

対面営業は、商談1件に1時間かけられるが、リモート営業は、商談1件に30分前後

第3章で説明したように、オンライン商談の前にお客様に必要な資料を送っておくようにしましょう。契約書や社外秘情報などは別として、前もってお客様に予習をしておいてもらえれば、商談が短時間ですむようになります。

対面営業と比べて長時間集中しにくいリモート営業では、商談の時間を節約する工夫も大切です。

対面とリモートの大きな差は**「時間感覚の差」**といえます。**対面の60分は比較的短く感じますが、リモートの30分はかなり長く感じます。**

慣れの問題もありますが、私の感覚では、リモートでは対面の時間の半分程度しか集中力が持たないという感じです。

たとえば、場を温めるためのアイスブレイクの時間や雑談は、対面では5〜10分でも苦になりませんが、リモートでは3分でも長く感じます。パソコンの前で待たされる3分が長く感じるのと同じことです。

いきなりビジネスの話を始めるわけではありませんが、リモート営業では**雑談は3分以内にとどめる**ようにしてください。

リモートでの会話は、すでに知っている人とでも「話が嚙み合わない」などのミスコミュニケーションが起こります。まして初対面のお客様ならなおさらです。

オンライン商談でも画面上でお客様の表情は読み取れますが、表情が硬くなりやすいので、「もしかして話がつまらないのでは……」とネガティブに捉えがちになります。

さらに、対面と違ってリモートの商談は**「お互いに無言で考える時間」という〝遊びの時間〟がないため、常に気をつかい続けて疲れてしまう**のです。

リモート営業は移動がなくなる分、営業スタッフにとってもお客様にとっても時間が節約できるメリットがあります。とはいえ、お客様から貴重な時間をいただいていることは対面営業と同じです。無駄な時間はカットすることを心がけましょう。

時間配分を決めておく

対面のときは「商談はだいたい1時間くらい」というあいまいな時間でも許されることがあります。そしてお互いが話に夢中になれば、60分が75分、90分……と延長されることも珍しくありません。

しかしリモートのときは「何時から何時まで」と始まりと終わりがはっきり決まっています。ですから予定を立てておかないと、話の途中で「あと5分しかない、どうしよう」と焦ることも十分にあり得ます。

余計な話をして肝心の本題が伝えられなかったのでは商談の成功は望めません。そのため、約束した時間に話が終わるようにあらかじめスケジュールを組んでおきます。

たとえば、次のように時間配分を決めておくと安心でしょう。

①アイスブレイク：3分以内
②プランの提案：15分

③ 変更・ヒアリング：10分
④ 次の課題の確認：5分

そのうえでタイマーを利用すればさらに安心です。
とくに**初対面のお客様の場合は、集中力が続く30分前後がオススメ**です。対面の半分の時間で、伝えるべきことをしっかり伝えましょう。

POINT

30分ですべて伝えられるように計画を立てる

30

対面営業は、雑談から入るが、リモート営業は、本題から入ってもいい

繰り返しますが、リモートでは対面のときよりも集中しづらいものです。

対面営業ではアイスブレイクの時間や雑談を多めにとっても問題になりませんが、リモート営業ではそうはいきません。

限られた時間で伝えるべきことを伝えきるためには、「これから話す内容はお客様にとってメリットがある」という本題から入ったほうがいい場合が多いのです。

実際、**「話がわかりやすい人」は結論から話します。**これはコミュニケーションにおいて基本的なことで、とくに忙しいお客様と話をする際には効果を発揮します。

多くの営業スタッフは対面のときの癖が抜けず、オンライン商談でも「こんな面白いことがありまして……」と雑談から始めます。

運良く盛り上がり、お互いが会話に夢中になることも起こります。しかし行きすぎると、営業スタッフ本人が「今日は何をしに来たのか？」とわからなくなります。これはコミュニケーション能力の高い人が陥りやすいミスです。

時間が限られているリモート営業では致命傷になります。どんなに面白い話でも、「この人とは仕事はできないな……」とお客様に思われてしまうのです。

オンライン商談の際は開始直後の数秒で一言、**「本日はご提案の機会をいただきましてありがとうございます」**など、時間をとっていただいた感謝やお礼の言葉を簡潔に伝えるようにしましょう。

その後すぐに**「これからご提案させていただくのは御社のランニングコストを15%削減できる方法です」**というように本題を伝えてください。

そのように伝えることで、話がそれにくくなるのです。

1回の話を1分以内に短くする

「本題から入る」ということを意識したうえで、さらに注意することがあります。

それは**「1回の話の長さ」**です。

このことに気がついていない人は意外と多いのです。

顧客管理ソフトの営業スタッフの方とZoomで面談したときのことです。この方は人が良さそうな感じですが、話が長いタイプの営業スタッフでした。私はところどころで質問したかったのですが、話の切れ目がありません。

営業スタッフの方は自分が伝えたいことをすべて話したのですから、本人にとっては気持ちがいいかもしれません。しかし、ずっと話を聞かされていた私にしたら、ストレスでしかなかったのです。

Zoomで相手が話せば必然的にその話を聞くことになります。1回の話が長いとテンポが悪くなり、集中力も途切れてしまいます。

私はほとんど口をはさめず、「早くこのルームから出たい」と思ったのです。

結局私は最後まで我慢して聞きましたが、お客様によっては「次がありますので」と退出してしまうこともあるでしょう。

対面なら何かの拍子に「そういえば……」と話を変えることもできます。しかし、リモ

ートで画面越しの相手の暴走を止めるのはむずかしくなります。くれぐれも〝独り相撲〟にならないように注意しましょう。

話をまとめます。

オンライン商談では本題から入るようにしてください。そのうえで、1回の話を1分以内に短くします。自分の話が終わったら、「ここまでで質問はありますでしょうか？」「現状の商品でお困りの点がありませんか？」などとお客様に話を振るのを忘れないようにしましょう。慣れないうちはタイマーを使うのもオススメです。

POINT

自分の話が終わったら、お客様に話を振るのを忘れない

31

対面営業は、お客様の持ち物を褒めるが、リモート営業は、画面に映っているものを褒める

私が定期的に営業の研修を担当させていただいている会社で〝女性営業No.1〟の方がいます。その方の手法は**「お客様をまず褒めてから商談に入る」**という、いたってシンプルなものでした。

それを実際に体験したことがあります。私が研修の準備をしていると、その方が近くに来て「菊原さん、素敵な革製の手帳をお使いですね。手入れはどうしているのですか？」と質問してきました。

自分がこだわっているものを褒められるとうれしくなります。「お世辞で言ってくれているのだろう」とわかっていても気分がいいものです。

身体的なことではなく持ち物を褒める。これは初対面のときに効果を発揮します。

もしこの方が手帳ではなく、「菊原さんはスリムでお若いですね」と言ってきたらどうでしょうか？

私は自分の体型に自信を持っているわけではありません。「スリム」とか「痩せている」とか言われると、「貧相だ」という意味合いで捉えてしまい、あまりいい気分ではないのです。

身体的なことを褒めるのはむずかしく、人によっては逆効果になります。「背が高い」「顔が小さい」「足が長い」「髪の毛の量が多い」などは褒め言葉のようですが、「そこだけは言われたくない」と思っているかもしれないのです。

対面でもリモートでも身体的なことを話題に取り上げるのは避けてください。

画面に映っている背景は？

対面ならお客様の時計や手帳、スーツ、筆記用具、クツ、カバンなどを褒めることができます。誰でも何かしらこだわりを持っています。お客様をよく見て、持っている物を褒めるといいのです。

しかし、リモートではそれがむずかしくなります。画面越しだと相手の服装はわかりますが、持ち物はなかなかわかりません。
ですから、**「画面に映っているもの」**を褒めるのです。

・子どもの描いた絵
・趣味の映画のポスター
・賞状やトロフィー
・家族写真（写真立て）　など

たとえば自宅の場合には、このような**お気に入りのものを壁に貼ったり部屋に飾ったりしていることが多いので、それについて質問して褒める**といいのです。
ちなみに、私のリビングには娘の七五三のときの着物姿の写真が飾ってあるのですが、それに気づき「可愛い娘さんですね」と言ってくれる方もいます。これで喜ばない人はいないと思います。

お客様が画面を「バーチャル背景」にしていたらこの手法は使えません。しかし、中には自分が撮影したお気に入りの写真を背景にしている方もいます。

たとえばお客様がゴルフ好きで、最近ゴルフに行ったときの写真を背景にしている場合です。このときに「これはどこのゴルフ場ですか？」と聞きたくなるでしょう。そこで話が弾んで、打ち解けることができるわけです。

お客様をまず褒めてから商談に入る。それだけでずいぶん雰囲気は良くなるものです。ぜひお試しください。

POINT

画面に映っているものを褒めてから商談に入る

32

対面営業は、下手なプレゼンでも聞いてもらえるが、リモート営業は、話の途中で打ち切られる

対面営業ではどんなにプレゼンが下手でも、人柄が良ければお客様に好印象を持ってもらえることもあります。

私自身が人見知りで口下手の営業スタッフだったので、同じようなタイプの営業スタッフを見ると、「営業が苦手なのに頑張っているな」「説明が下手だから逆に誠実に感じる」などとひいき目に見てしまいます。

時には「一生懸命説明しているのだから買ってあげよう」などと思うことさえあります。

商談の出来不出来は別として、対面営業では人情に訴えることができるのです。

また、対面営業ではどんなに話す内容が退屈でつまらなくても、「話がつまらないので失礼します」と言ってお客様が席を立つことはそうそうありません。

忙しい社長などは言うかもしれませんが、私は一度も話の途中で切り上げたことはありません。普通のお客様は我慢して聞いてくれるのが一般的です。

とはいえ、人柄の良さが伝わりにくいのがオンライン商談です。もしリモートでお客様に話の内容が伝わらず、退屈させてしまったらどうなるでしょうか？

もちろん我慢して聞いてくれるお客様もいますが、人によっては「すみません、ちょっと電話が入ってしまったので」と打ち切られてしまうことがあります。

オンライン商談ではお客様は我慢して話を聞いてくれなくなります。ということは、お客様を飽きさせずに話を最後まで聞いてもらうための工夫が必要になってきます。

フレームワークを応用

消費者の購買決定プロセスを説明するためのフレームワークの一つに**「AIDMAの法則」**があります。これをオンライン商談に応用します。

A（Attention：認知）の段階では、お客様を商品・サービスを知らない状態から「知っている」状態にしなければならないため、概略を説明します。

I（Interest：関心）の段階では、「興味を持っている」状態にするため、商品やサービスについて知ってもらえるような魅力的な内容を伝えます。

D（Desire：欲求）の段階では、「商品を欲しいと思う」状態まで引き上げるため、他のお客様の事例を紹介してニーズを喚起します。

M（Memory：記憶）の段階では、欲しいと思った感情を記憶してもらうため、お客様から「これいいね」を引き出します。

最後の**A（Action：購買行動）**の段階では、実際に購入してもらうことを目的としているので、顧客の背中を押すような施策をとります。


イメージが湧きやすいようにパソコン販売の例で説明します。

Ⓐ「この商品はこの秋に発売したもので最新スペックです」
Ⓘ「キャッシュバックの対象商品になっていますのでお得です」
Ⓓ「多くのお客様が〝コスパがいい〟と満足しています」
Ⓜ「パソコンの処理スピードが上がると仕事がスムーズです」

Ⓐ「このタイプの在庫があるかどうか確認しましょうか？」

この言葉を次々に言うというわけではありませんが、このように大枠の流れをつくっておくと商談がスムーズに進むようになります。

最初から自分の好きに話を組み立ててもらっても構いませんが、**慣れるまではこういったフレームワークを活用する**とよいでしょう。

ＡＩＤＭＡの法則は、対面で有効な手法ですがリモートにも有効で、さらにリモートだからこそ重要になってきます。お客様を飽きさせないことがオンライン商談ではより必要になってくるのです。

POINT

お客様を飽きさせないように話を組み立てる

33

対面営業は、商談後に次回のアポイントを入れるが、リモート営業は、商談前に次回のアポイントを入れる

お客様との次回のアポイントは、商談終わりに取るのが一般的です。

30分のオンライン商談なら25分でプレゼンして、最後の5分で「では、次回の打ち合わせでは金額について説明させてください」といった感じでしょうか。これでもうまくいくことはあります。

しかし、プレゼンがお客様に気に入ってもらえなかった場合、次回のアポイントを取るのは厳しくなります。「もう検討しません」とはっきり言うお客様はあまりいませんが、たいていのお客様は「内容はわかりました。それではよく検討して連絡します」と言うと思います。

「お客様からの連絡待ち」は、営業をしている方ならどれほど良くない状況かわかるでし

ょう。次に会える確率はものすごく低くなるのですから。

まず、お客様のほうから連絡が来ることはありませんし、あったとしても「他に決めました」という〝ゲームオーバー〟の連絡だけです。

ただ、対面営業であればお客様の家にアポなし訪問したり、会社に突撃訪問したりすれば会うことはできます。

私も営業スタッフ時代はお客様の家の前で待ち伏せし、偶然を装い、「たまたまこちらを通ったものですから」と言って意思を確認していたこともあります。99％は「ごめんなさいね。A社（他社）に決めたの」という返事でしたが、本心が聞けただけまだマシです。

しかし、オンライン商談ではこれもむずかしくなります。**お客様に「検討して連絡します」と言われてから再びアポイントを取るのは、極めて困難**です。ですから、そういう展開になる前、すなわち商談前に次回のアポイントを取っておくといいのです。

商談前にアポイントを取る会話例

イメージしやすいように会話例で紹介します。

営業スタッフ「今日はご要望を形にしたものをご提案させていただきます」
お客様「はい、よろしくお願いします」
営業スタッフ「今回ご提案したものを修正していただいて、次回の打ち合わせのときに金額を提示したいと思いますが、来週の火曜日か木曜日はいかがでしょうか？」
お客様「木曜日の午後でしたら時間がとれますが」
営業スタッフ「では、次の打ち合わせは来週木曜日の14時〜14時30分でお願いします」
お客様「わかりました」

　このように、**プレゼンに入る前にその後の流れを説明して、次回のアポイントも取ります。**実はこのほうが、お互いに何をすればいいのかがわかるので、商談がスムーズに進められます。

　さらに、営業スタッフは**「仮に今日の商談を失敗しても次がある」**という安心感を持てるので、リラックスして話すことができるのです。

　その場で契約が取れるならそうしたほうがいいに決まっていますが、そうはならず、次回のアポイントを取ろうとしても取れないときはどうすればいいのでしょうか？

この場合は**「これからおうかがいするご要望を積算するのに3日ほどかかります」と業務の流れをまず説明し、次に「A日またはB日」と2択でお客様にアポイントを提案します。**これで納得していただければ、普通は次回のアポイントが取れるでしょう。

この流れで説明しても、お客様がなお「細かいことはいいからこの場で教えて」と言ってくることもあります。しかし、そういうお客様は「相見積もり」が目的であって、契約する気はほぼないと思います。

私の経験上、こういったケースで契約になったことは一度もありません。事前にアポイントを取ることで、ある程度お客様の見極めもできるのです。

POINT

プレゼンに入る前にその後の流れを説明する

34

対面営業は、沈黙が武器になるが、リモート営業は、沈黙が事故になる

対面営業は、沈黙が武器になることがあります。

たとえば、トップ営業スタッフは提案書や見積書を出した際、自分からむやみに発言することはありません。

お客様が何か言ってくるまで3分でも5分でもじっと我慢しています。そのうちにお客様のほうから質問が出ることもありますし、「これで決めます」と言ってくることもあります。

対面営業での沈黙は「自分が考えている」「一緒に考えている」といった効果を演出できます。

また、寡黙《かもく》であることで真剣さや誠実さを伝えられる効果があります。

しかし、リモート営業ではそういう演出ができなくなります。

対面営業では沈黙は武器でも、リモート営業では事故になってしまいます。

とくに**真面目な方は、お客様が検討中は無表情のまま、じっとしがちです。無表情は相手からすると、非常に話しにくいものです。**

お客様によっては「あれ、パソコンの調子が悪くてフリーズしたのかな？」と勘違いする方もいるでしょう。たった数秒でも〝放送事故〟になるのです。

余談ですが、**無言で画面上にいると本人に悪気はなくても怒っているように見える人は結構います。**

ご年配の方はデジタルツールに苦手意識を持っていることが多いので、緊張感が悪い形で伝わり、お客様に恐怖感を与えます。

あなたにもしそういう上司がいたら、やんわり伝えてあげてほしいと思います。

先日、リモートで打ち合わせした方は私以上に口下手のようで、一定の間隔で黙り込みます。

無言でも、対面なら資料を見るなどして間を持たせられますが、リモートではそうはいかず、ものすごく気まずい感じになりました。

たった5秒でも息苦しく感じるのです。

考えてもらうときは考えてもらう

ではどうすればよいのでしょうか？

基本的には沈黙の時間ができないように**「伝えること」と「聴くこと」を準備しておきます。**

提案書や見積書を出してお客様に見てもらうときは、自分が発言したり、うなずいたりできなくなります。

だからといって画面上に無言でいると、お客様はずっと見つめられているように感じて、落ち着いて内容を確認することができません。

そんなときの対処法として、提案書や見積書を提出したら、

「今から3分間じっくりとご覧ください。その間、私は一度失礼します」

と言ってカメラをオフにし、音声をミュート（消音）にします。

そして、３分後に戻ればいいのです。

「**話すときは話す、考えてもらうときは考えてもらう**」というようにメリハリをつける工夫をしてみましょう。

POINT

提案書・見積書を出したらカメラと音声を一度切る

35

対面営業は、上司に顔だけ出してもらうが、リモート営業は、役割分担を決めておく

今後の研修について、私と企業様で打ち合わせをしたときのことです。

担当者のSさんとはメールで数回やり取りし、Ｚｏｏｍで2回ほどお話しさせていただくなかで、プライベートの話もするようになり、ずいぶん打ち解けてきました。

その後、「最終確認」ということで、私とSさん、Sさんの上司の3人で、リモートで打ち合わせをすることに。このとき、上司の方の自己紹介まではよかったものの、本題に入るとなかなか話が進みません。変な沈黙ができたり、Sさんと上司の方が同時に話し始めたりなど、どうしてもテンポが合わないのです。

何とか話はまとまったものの、冷や冷やしたこともあり、30分程度でしたがどっと疲れてしまったのです。

もしこれが3人で対面ならどうだったでしょうか。おそらくその場の空気感で、「次は

上司の方が話をするだろう」というのがわかります。

しかし、リモートになると〝あうんの呼吸〟を感じ取りにくくなります。ぎこちない雰囲気になることも多いのです。

逆に、上司のいるリモートの打ち合わせでもうまくいくこともあります。そういったときは**「誰が何を言うか」の役割がはっきりしています。**

たとえば**「進行役はAさん、データ関係はBさん、最後の決定は上司」**と決まっていれば、変な沈黙も発言がかぶることもなくなります。

そこで商談をスムーズに進めるために、自ら進行役を買って出るといいでしょう。

商談が進めば契約を取るために「クロージング」をかけます。自分一人のときもあれば、上司に同席してもらうときもあると思います。

対面営業では上司に顔を出してもらうだけでうまくいくことがありました。

営業スタッフ時代、私はどうしても契約が欲しくて、部長にとどまらず、常務や専務にも同行してもらったことが何度かあります。

あるとき、常務が同行すると、お客様は「わざわざ常務にも来ていただいたのですか⁉」とそれだけで感謝してくれたことがありました。「偉い人が足を運んだ」というだけで、「重要なお客様として扱っていますよ」というアピールになったのです。

オンライン商談ではそうはいきません。**偉い人が挨拶でもすれば多少は効果があるかもしれません。しかし、対面ほどの威力はない**と思います。むしろ気をつかって、変な沈黙ができたり話がかぶったりして逆効果になってしまうかもしれません。

進行役は自分、クロージングは上司

リモートで上司に同席してもらうなら役割をしっかり決めて臨みましょう。「進行役は自分、クロージングは上司」と決めておけば、変な沈黙ができたり発言がかぶったりすることがなくなるのです。たとえば、このような流れになります。

担当営業「今日ご提案した内容はいかがでしょうか？」
お客様「内容的には満足していますよ」
担当営業「金額についてはいかがでしょうか？」

お客様「う〜ん、少し予算オーバーという感じですかね」
担当営業「わかりました。（上司＝常務に向かって）常務の権限でこのオプションのサービスを許してもらえないでしょうか？」
常務「○○様、こちらのオプションは私が責任をもってサービスさせていただきます。その代わり、今、ご決断いただけますでしょうか？」
お客様「サービスしていただけるなら、今決めます」

このように、**〝ここぞ〟というところで上司に発言してもらい、クロージングしてもらうのです。営業スタッフが一人で進めるよりグッと重みが増します。**上司をうまく使って効果的にクロージングしてください。

POINT

一人で進めるより上司をうまく使ってクロージングする

36

対面営業は、粘り強いほうが結果的に勝つが、リモート営業は、あきらめるほうが結果的に勝つ

対面営業では「1件でも多く訪問した人が有利」といわれていました。たとえば「10件より50件、50件より100件」といったように、粘り強さが必要とされたのです。実際にそれで結果を出した営業スタッフは大勢いました。

以前、私が定期的に研修を行っていた会社に、20代の若い営業スタッフで、アポなし訪問でお客様を見つけてきて実績を上げている方がいました。その方はトークが上手で機転が利くようなタイプではありませんが、メンタルは強いようで、お客様にきつく断られてもサッと気持ちを切り替えて、すぐ別のお客様にアタックします。ですから、他の営業スタッフより2倍の訪問数をこなしています。

商談に持ち込めばさらに本領を発揮します。たとえお客様の購買意欲が高くなかったと

しても、2時間でも3時間でも商談を続けます。それでお客様から断られても、その日のうちに再び訪問して「もう一度チャンスをください」と粘るのです。最後はお客様が根負けすることも。

対面営業ではこの方のように体力的にもメンタル的にもタフなほうが結果を出せました。しかし、リモート営業ではあっさりあきらめて次に行ったほうが結果的に成果を生むことがあります。

あきらめるというとマイナスなイメージがありますが、そうではありません。

もちろん、時間をかける必要のあるお客様には対面営業と同じようにたくさん時間をかけます。ただ**「時間をかけても契約が取れない」もしくは「かなりの時間をかけないと契約が取れない」という〝時間の効率の悪い〟お客様からは早めに手を引く**ということです。

かつての私はどんなお客様でも時間をかけていました。中には提案書や見積書をさんざん出させて、それを他社の値引きの材料に使うというお客様もいました。いわゆる〝当て馬にされる〟というやつです。こういったお客様はまず決まりません。

私一人で図面や見積もりはつくれませんから、当然、他の部署の仕事を増やすことになります。これは私だけの問題ではないのです。

「担当営業を当て馬に使うお客様からは絶対に契約は取れない」というわけではありませんが、仮に契約が取れたとしても、かなりの時間がかかりますし、契約後に必ず何か問題が起こります。早めにあきらめて次のお客様に時間をかけるのが利口なのです。

時間のかかるお客様かどうかを判断する

もちろん、どんなお客様でも丁寧に対応するのは大事なことです。しかし、リモート営業ではお客様と接する機会を容易に増やせることから、**時間がかかってその後も労力がかかるお客様は切るという選択肢も持っておいたほうがいい**のです。

時間のかかるお客様かどうかを判断する一つの方法は**「では、この条件を満たせば契約になりますか？」というように〝セミクロージング〟する**ことです。時間のかかるお客様はこうすると必ず逃げようとします。

他にも判断の基準は、過去の商談を振り返ったり、ベテラン営業スタッフに聞いたりすれば見つかると思います。

時間をとられるだけのお客様を切るための判断の方法を確立しておくようにしましょう。

私はずいぶん苦労したのち、やっとのことでトップ営業スタッフになりました。**時間がかかるお客様に手を出さなくなったことで、もっといいお客様に時間をかけられるようになりました。そのおかげで長期間安定して成績を残せるようになったのです。**

リモート営業で苦戦している営業スタッフは戦いを選ばず体力を消耗し、結果を出しているトップ営業スタッフはお客様を選んで確実に契約を手にしています。そのことをぜひ覚えておいてください。

POINT

〝時間効率の悪い〟お客様からは早めに手を引く

第4章 まとめ

- たとえ1分の遅刻でも言い訳はいっさい通用しない。開始10分前から発声練習をしながら待つ。
- 商談の時間は対面のときの半分しかないと考える。リモートは集中力が続かない。
- 本題に入るまでの雑談の時間がもったいない。1回の話の長さも1分以内にする。
- まずお客様を褒めよう。褒めるチャンスは画面上に、その人の後ろ側にある。
- 商談でお客様を飽きさせないように全力を尽くす。敗者復活戦はないと心得よ。
- 次回の約束を最初に取っておけば、〝いまここ〟の商談に集中できる。
- ただの沈黙は〝放送事故〟になりかねない。カメラと音声を消して、お客様が検討する時間をつくる。
- 「誰が何を言うか」は大事。上司が同席するなら役割を明確にし、〝ここぞ〟というときに上司に決めてもらう。
- 時間は有限。〝セミクロージング〟で逃げるお客様は追わないが鉄則。

第 5 章

▼

営業のパフォーマンスが上がる6つのチーム術

37

対面営業は、スタッフの成果を報告するが、リモート営業は、スタッフの日常の出来事を共有する

営業組織というのは、第一営業部や第二営業部、人数・エリアごとに分けることもあれば、その中でさらに5〜10人のチームをつくることもあります。

また、チームのリーダーも、自ら契約を取るプレマネ（プレイングマネジャー）のこともあれば、指導だけする専マネ（専任マネジャー）のこともあります。

いろいろな形態がありますが、いずれにせよ**結果を出しているチームは総じて良好なコミュニケーションがとれています。**

その一方、いい人材がいるにもかかわらず苦戦しているチームは営業スタッフ同士の仲が悪く、ギスギスしているものです。

ライバル心が強すぎて足の引っ張り合いをしていたら、十分にパフォーマンスを発揮することはできません。チームをまとめ、メンバーのモチベーションを上げるのがリーダー

の大切な役割なのです。

リモート営業が中心になる前は、営業スタッフが集まって朝礼をするのが定番でした。朝礼で前日の成果の報告があり、「契約になりました！」という声を聞くと「よし、私も頑張らないと！」といい意味でのプレッシャーを感じることができます。

これまでの対面営業は事務所に集まって仕事をしているだけでも、十分にモチベーションが上がったのです。「そろそろ契約になるな」とか「あの商談はつぶれるな」とか普段の会話から何となくわかります。**あえて詳しく聞かなくてもいい**のです。

しかし、リモート営業でミーティングの回数が減ったり簡略化されたりすれば、「他の営業スタッフがどんな見込み客を持っていて、商談がどれくらい進んでいるか」がわかりにくくなります。「他人はまったく関係ない」という営業スタッフ以外は「他の営業スタッフが何をしているのか」という情報が欲しくなります。

他の営業スタッフの動きがわかりづらくなると不安になるものです。

そこで**リーダーには結果を出すために、メンバーの動きを把握し、チームで共有できる仕組みづくりが求められます。**

SNSのグループトークを活用

私の研修先の会社は、以前からSNSを使って営業スタッフのモチベーションを上げています。**5〜6人のグループをつくり、グループトークでそれぞれの営業活動を共有しているのです。**

たとえば、ある営業スタッフが朝イチでお客様に5通お礼状を書いて送ったとします。このとき、グループトークに「お礼状5通送付終了」とあげます。リーダーはこの報告に対して「今日は朝からお礼状を送ったんだ。いいね」と返信します。このやり取りを見た他の営業スタッフは「じゃあ、私は今日中に10通送ろう」とやる気になります。

もちろんグループトークは、リーダーが一番に返信しなくても構いません。気づいたメンバーが「いいね」と反応してもいいのです。

多くの人は褒められるとさらにやる気になります。リモート営業ではSNSでのこういったコミュニケーションが効果的です。

もちろん、いい結果が出れば「契約になりました！」と報告します。すると、この報告を見た仲間から「おめでとうございます！」「良かったですね！」などと祝福のメッセージが送られます。

内心は「チクショウ、つぶれればよかったのに……」と思っていたとしても、祝福のメッセージを送ることで心も少しだけ浄化されます。

このようにモチベーションアップのツールとして活用するといいのです。

リモート営業が中心になると、コミュニケーションがとりにくくなります。こまめな情報交換でモチベーションを上げていきましょう。

POINT

営業活動をSNSで共有し、刺激し合う

38

対面営業は、月1回の会議で活を入れるが、リモート営業は、月3回の会議で活を入れる

私の営業スタッフ時代のことです。月初の会議は「一日会議」と呼ばれ、その日はすべての営業スタッフが集まり、朝から夕方まで会議をしていました。

もちろんその間、営業活動はできません。表彰されればモチベーションは上がるかもしれませんが、1日8時間の会議はやりすぎです。

昔は当たり前のように行われてきたこうした会議も、最近は少し変わってきているようです。

私が研修でお世話になっている会社は、コロナ禍以前は月に1回、全国各エリアから営業スタッフが集まり、営業の全体会議をしていました。

月初に営業スタッフたちが「先月の実績と今月の目標」を発表するのですが、かつて私

が勤めていた会社のように朝から夕方まではなく、2時間でパッと終わりにします。これはこれでメリットがあるでしょう。営業部長が活を入れたあとは各営業所のミーティングです。

ついこの間まではこういった会議のスタイルをとっている会社は多かったのです。

ただ、**月に1回では「先月は契約にならなかったので今月は頑張ります」というような発表になりがち**です。まったく意味がないわけではありませんが、モチベーションは上がりにくいですし、効果的ではありません。

そこでこの会社はリモート営業が中心になったこともあり、これまでの会議のやり方を見直しました。**月初の全体会議はそのまま継続したうえで、月中、月末の1週間前にオンライン会議を40分程度行う**ようにしたのです。

たとえば、月中の会議なら月末までまだ時間があるので**「あと15日間、○○を中心に行動して契約を取りたいと思います」**といった前向きな発表ができます。月中は中だるみしがちですから、こうして行動計画をはっきりさせることで、モチベーションが上がるのです。

さらに**月末の1週間前にもう一度、会議を行います。**月末の1週間前になると稼働日が限られてくるので、**「残された日にちで何をするか」もしくは「逆に何をしないか」**という具体的な行動計画の発表ができるのです。

営業スタッフ自らこのように発表すれば**「今月は無理だから来月にかけよう」というような雰囲気は打破されます。**そして最後まであきらめず、営業活動ができるようになったようです。

この会社は月に3回会議をするようになって、わずかですが受注が伸びています。ライバル社が契約数、売上が50％減、60％減と苦戦しているなか、この結果は立派です。

短時間で効果のある会議を

会議というのはただ反省したり、希望的観測を言ったり、言い訳をしたりする場ではありません。ましてや暇な上司のために、丸々1日かけてまで行うのはもってのほかです。

短時間でも効果のある会議にしてほしいと思います。

報奨金を直接手渡してモチベーションを上げるというときは、対面で集まる会議も効果的です。営業スタッフは自己顕示欲が強かったり、負けず嫌いの性格だったりする方が少なくないからです。過去にはこうしてチームを鼓舞《こぶ》してきたものです。

しかし、これからはあからさまに差をつけてモチベーションを上げるといったやり方は少なくなっていくでしょう。それよりも**チームで情報を共有して力を合わせていったほうが、個々でもパフォーマンスを発揮できる**のです。

基本的にリモート営業では月に3回会議をするようにしましょう。ぜひお試しください。

POINT

月3回の会議で中だるみを防ぎ、あきらめ感を打破する

39

対面営業は、報告に時間をかけるが、リモート営業は、報告に時間をかけない

営業スタッフにとって、上司に今のお客様の状況を報告するのは必要な業務です。上司に事細かく報告することで、適切なアドバイスがもらえます。

しかし、そのことに時間を使いすぎて、お客様の新規開拓や商談準備の時間がなくなったら本末転倒です。できるだけ簡素化して短時間ですませる工夫が大切です。

営業スタッフ時代の私の足かせは、営業日報や行動計画書などの上司に提出する書類でした。同じような報告書が数多くあり、それぞれつくるのに手間がかかりました。

しかも早く提出しないと上司から「すぐに出せ」と急かされたのです。

私は営業活動の時間を削って報告書をつくりました。にもかかわらず、その書類へのフィードバックはほぼありません。今から考えると滑稽《こっけい》なほど無駄な労力だったのです。

リモート営業になると上司と顔を合わせない分、提出する書類が余計に増えることがあります。

知人の営業スタッフは「リモート営業になってから提出する書類が倍になった」と嘆いていました。今までの営業日報や行動計画書に加えて、「勤務時間の管理票」「どのような業務を行ったか」「電話やメールを何件送ったか」など、すべて報告すると言います。

リモート営業は上司の目が届かなくなります。会社としては「こういった提出物がないと営業スタッフがサボりがちになる」と考えるからなのでしょうが……。

「提出する書類をなくしたほうがいい」とは言えないので、営業スタッフは**「いかに簡略化して時間を短縮するか」**を考えるべきです。

時間を短縮した分、新規客へのアプローチや提案書の作成など、もっと生産性の高い業務に注力しましょう。

そこでオススメしたいのが**「テンプレート化」**です。これは非常に効果的です。

最初テンプレートをつくる際は多少時間がかかりますが、一度つくってしまえばその後あなたに膨大な時間を生み出してくれます。

4パターンのテンプレートを活用

実際に私が工夫していたことを紹介します。

営業スタッフ時代、直属の上司に1週間に1度、お客様の状況や営業方針を報告する行動計画書の提出を義務づけられていました。

行動計画書はイチからつくると時間がかかりますし、1週間でそれほど行動計画は変わらないので、毎回イチからつくるメリットはほとんどありません。

そこで私は**「月初用」「月中用A」「月中用B」「月末用」**の4パターンのテンプレートを用意しました。他の営業スタッフは20分、30分かけてつくっていたところ、テンプレートを使えば一部を書き換えるだけなので1分で完成します。これだけで30分×4の2時間の時間を生み出せました。

上司への報告はため込んだり先送りしたりするとその分、記憶が薄れて余計に時間がかかりますから、効率が悪くなります。ですから、**行動したらすぐに報告する習慣をつけま**

しょう。早く出して怒る上司はいないので、早いほうがいいのです。

報告に際して上司に突っ込まれそうな部分は前もって**「クライアントA社については連絡待ちになっており、2日後に状況を報告します」**と追記しておきます。そうすることでお互いに時間がセーブできるのです。

こうして短縮した時間が積み上がれば月に20〜30時間以上はなるでしょう。この時間で結果につながる行動をするのです。

リモート営業では生産性のない報告書に1時間も費やしている人は生き残れません。素早く書類をつくり短時間で報告するようにしましょう。

POINT

書類はテンプレート化して時間を短縮、すぐに報告する

40

対面営業は、声かけでスタッフの信頼を得るが、リモート営業は、SNSでスタッフの信頼を得る

「ザイアンスの法則」という言葉を聞いたことがあるでしょうか。営業心理術で有名な法則で**「繰り返し接すると好意度や印象が高まる」**という効果のことです。

これをわかりやすく説明した実験があります。グループAの人たちは「60分間×1回コミュニケーション」をとり、グループBの人たちは「10分間×6回コミュニケーション」をとったところ、同じ60分間でも、グループAよりもグループBの人たちのほうが、はるかに親密度が増しました。つまり、**「月に1回飲み会をする」よりも「週に1回程度（月に4～5回）軽く話をする」ほうが親密度は増す**わけです。

私はこのことを実際に体験したことがあります。営業スタッフ時代、顔を合わすたびに「どうだい、調子は？」と話しかけてくれる上司がいました。ほんの一言二言、言葉を交

わすだけでしたが、私はこの上司に親近感を持っていました。短時間でも数多く接触してくれる人との距離は縮まるのです。

対面営業は週に1回、もしくは2週間に1回程度の接触だとしても、「結構コミュニケーションがとれている」といったイメージがありました。

しかし、リモート営業は**デジタルツールが発達した今、接触頻度を上げていく必要があります。**

少し過去を振り返ってみましょう。対面なら忘年会や新年度の会議で年に1〜2回顔を合わすだけの関係でも疎遠な感じはしませんでした。

それがメールになると最低でも月に1回は接触しないと「あの人最近冷たくなったな」という感じがしますし、SNSになるとさらに週に1〜2回は接触しないと疎遠になったと感じるのです。中学生や高校生は「1〜2日、メッセージが来ないと心配になる」というくらい、頻繁にやり取りをしています。

チーム内でもこまめなやり取りが必要になってきます。

反応の速さは信頼度と比例

接触頻度を上げると同時にレスポンスのスピードも上げていく必要があります。

たとえば、部下から活動報告が届いたとします。対面ならとくに何も言わなくても問題はありませんでした。しかし、リモートでは何かしら反応しなくてはなりません。部下のモチベーションを上げるために、届いたらすぐに「受領した」とメッセージを送ってほしいのです。**反応の速さは信頼度と比例します。**

私は外部の方とチームを組んで仕事をしていますが、ある方は私がチャットで資料を送ると早くて数秒、遅くて10分以内に「受領しました」という返事を返してくれます。

誰でもすぐ反応してもらえると「重要視されている」とうれしく感じます。ますます丁寧に仕事をしたくなるはずです。これが1日、2日放置されたら、「この人の仕事は後回しでいいか……」と思うようになるのです。

対面営業とリモート営業の大きな違いは**「スピード感」**です。

SNSでメッセージを送って数分で返信を求められる時代です。1時間も「既読」がつかないと「なんで見ていないんだ!?」とちょっとだけイライラするようになりました。

そうなると「いつでもどこでも即返事をしないといけない」という状況になってしまいます。営業スタッフによっては「24時間仕事から離れられないなんて勘弁してほしい」と感じる方もいるでしょう。これでは本末転倒ですから、**「休みの日は返事をしない」「20時以降は開封しなくていい」**などとチームでのルールを決めるといいでしょう。

トップ営業スタッフになるためにすべての時間を犠牲にする必要はありません。**仕事中は最速でレスポンスし、時間外は開封しないというメリハリをつける**ほうが長続きします。

デジタルツールが進化すれば仕事もコミュニケーションも進化します。これからはスピード感をもって、仕事にもコミュニケーションにも対応できるようにしましょう。

POINT

仕事中は最速でレスポンスし、時間外は開封しない

41

対面営業は、飲み会で交流するが、リモート営業は、オンラインティータイムで交流する

営業コンサルタントとして活動している私は、社会に出て間もない20代の若手社員から大ベテランの70代の創業社長まで幅広い世代の人とお会いしているのですが、**「世代間でこうも考え方が違うのか」**といつも驚かされます。

その人が育ってきた環境や背景が違うのですから、当然のことだと思います。いわゆる〝ジェネレーションギャップ〟です。

持っている価値観や判断基準の違う人たちが一緒になって仕事をすれば、そのギャップがコミュニケーションの妨げになってしまうこともあるのです。

あるとき、お世話になっている60代の社長が「若い営業スタッフとうまくコミュニケーションがとれない」という悩みを私に打ち明けてくれました。

昭和生まれの人と平成生まれの人とでは考え方が大きく異なります。最近は「平成1桁と2桁では人種が違う」という話まであります。

ひと昔前なら仕事終わりに「これから飲みに行くぞ」と誘って、居酒屋などで〝飲みニケーション〟がとれました。しかし、今時の20代の営業スタッフは「お酒は友だちとは飲むけど会社の人とは飲まない」というスタイルの人が多く、社長が「今日は俺のおごりだから何でも好きなものを頼んでいい」と言ってもウーロン茶しか飲まないそうです。

結局社長だけが酔っ払い、その後は独演会に……。こうして若い営業スタッフたちとの溝はますます深まっていったというのです。

ところが、しばらくして社長から「最近、若い連中とうまくコミュニケーションがとれるようになった」と報告がありました。

理由を聞くと、**「オンラインティータイム」**をするようになったからだそうです。

リモートで営業スタッフたちも人恋しいのでしょうか。「結果が出なくて不安」ということもあると思います。

社長が「〇日の15時からオンラインティータイムをします」と連絡を流すと、多くの営業スタッフが集まってくるようです。そこで**社長は自分の話をせず、営業スタッフの悩みを聞くことにフォーカスする**と言います。

どんな世代の人でも「自分の話を聞いてほしい」という欲求があるものです。

また、若者にとって画面越しなのもよかったのかもしれません。いくら気さくな社長でも、面と向かって「いや〜、ぜんぜん売れません」などとは言えませんから。**逆にリモートだからこそ本音を話せるメリットもある**と思います。

悩みをヒアリングする場にする

今後、こうしたコミュニケーションは増えていくでしょう。

「オンライン飲み会」はお酒を飲めない人にとって負担が減るメリットがあります。無理やりお酒を勧められることもなければ、お酌をする必要もなくなりますから。

ただし、注意点もあります。**明確な目的を持たず、ただ一緒に時間を過ごせばいいと安易に企画したのでは失敗に終わります。**

知人から聞いた話ですが、新人社員との親睦を深めるためにZｏｏmで延々とビンゴゲームが行われ、とても苦痛だったそうです。これでは時間の無駄です。

先ほどの社長は、営業スタッフの悩みをヒアリングするという明確な目的を持っています。そして、オンラインティータイムでは「リモート営業で困ったことはあるか？」というふうに質問しています。

社長は対面営業の経験こそ豊富ですが、リモート営業の経験はほぼありません。純粋に現状を知りたいという気持ちが伝わるので、営業スタッフも本音を話しやすいのだと思います。

あなたが上司なら対面よりもリモートで交流を図ってみてはいかがでしょうか。**距離が離れていても、人と人とのつき合いであることに変わりはありません。**部下との関係性が良くなれば、会社の業績も上がってくるものです。

POINT

リモートで交流を図り、世代間のギャップを埋める

42 対面営業は、上司の背中で気づきを得るが、リモート営業は、1on1で気づきを得る

「仕事は先輩の背中を見て盗んで覚えるもの」といわれてきました。上司や先輩から手取り足取り教えてもらうのではなく、その姿や行動を間近で見て、「こうやって営業すればいいのか」と自分で気づくものだということです。長年こうやって営業スタイルが伝承されてきました。

上の人の姿を見て学ぶという方法は危険な部分もあります。もし直属の上司や身近な先輩がつらそうに営業活動をしていたらどうでしょうか。常にお客様に振り回され、会社から「絶対にノルマを達成しろ！」とプレッシャーをかけられて、心も体も疲れ切っている姿を見せられた部下は「やっぱり営業ってつらいんだな……」と思うようになります。これはいい教えとはいえません。

反対に、直属の上司や身近な先輩が「これはやりがいがあるぞ！」と言いながら楽しそ

うに営業活動をしていたらどうでしょうか。きっと「自分も○○さんのようになりたい！」と思うはずです。

世の中には、部下に対して「前向きに営業活動をしろ」とハッパをかけるにもかかわらず、本人はちっとも楽しそうに営業活動をしていないという上司がたくさんいます。これでは説得力がありません。とくに対面営業では、あなたが上司なら自ら楽しく前向きに営業活動をすることが不可欠です。これこそが部下への最高の教えになります。

しかし、リモート営業では上司の楽しく前向きな姿や行動を見せることができにくくなります。ですから、上司の姿勢を伝えるだけでは十分でなく、**部下との相互理解を深める必要があります。**

そこで効果的な方法の一つとして**リモートでの「1on1ミーティング」**をオススメします。

営業の世界では一般にトップ営業スタッフだった人が出世して、チームのリーダーになります。その際、チームを率いて結果を出せる人とそうでない人に分かれます。リーダーになっても結果を出せる人の多くは、１ｏｎ１ミーティングの時間をとり、部下の悩みを正確に把握しているのです。

営業にはいろいろな指導方法があります。「ある部下に効いたアドバイスも他の部下には響かない」ということもよく起こります。それぞれの部下の特性を理解したうえで的確なアドバイスができるリーダーだけが結果を出し続けられるのです。

部下は想像もつかないことで悩んでいる

そこで上司にぜひやってほしいのは**「部下は自分には想像もつかないことで悩んでいる」という意識を持ちながら１ｏｎ１ミーティングをする**ことです。もしかしたら部下は結果が出ないことより職場の人間関係に悩んでいるかもしれません。部下は意外なことに悩んでいたりするもの。その悩みを解決しておかないと、いくら営業的な指導をしても効果がありません。

まずは悩みをヒアリングしましょう。それだけでもチームを率いるリーダーとしてはかなり有能です。

さらに、**部下の悩みの解決法を本人が気づくように誘導してください。**

たとえば、部下がスランプに陥り、商談に尻込みしていたとします。そんなときは「もっと積極的に行動して商談を増やさないとダメだ！」と言ってしまいそうになると思います。しかし、そう言われた部下は逆に力んでしまいます。商談を増やしたところでお客様に逃げられるのです。

そうではなく、**「どうすればいい結果が出ると思う？」**と質問したらどうでしょうか。部下は少し考えて、「やはり、商談を増やすことですかね……」と答えるかもしれません。**上司から言われるよりも自分で気づくほうが何倍もやる気になる**ものです。

リモート営業では1on1ミーティングで部下と密にコミュニケーションをとってください。その結果、本人が解決法に気づくように誘導できれば最高のリーダーになれます。

POINT

悩みの解決法は1on1で本人が気づくように誘導する

第5章 まとめ

- 結果の報告と日常の共有。後者のほうが、チーム内のコミュニケーションがとれてモチベーションも上がる。
- 長い1回より短い3回。短時間ですみ、モチベーションをキープできる会議に変える。
- 報告は早ければ早いほうがいい。書類はテンプレート化して時短でつくってしまう。
- SNSは手軽で身近なコミュニケーションツール。レスポンスのスピードを上げて、信頼度を上げる。
- オンラインは飲み会よりティータイム。画面越しでも心の距離が縮まる。
- 上司は部下と1on1で話し、部下本人に考えさせて答えに気づかせる。それが最高のリーダー。

第 6 章

効率よく仕事を進める
6つの
セルフマネジメント

43

対面営業は、移動する時間を減らすが、リモート営業は、移動しない時間を効率的に使う

対面営業では「移動時間をいかに短くして有効面談数を増やせるか」が結果を出すためのキーポイントでした。

私の営業スタッフ時代も「ゾーン訪問」があり、エリアAのお客様を訪問するならその周辺のお客様をピックアップして〝まとめ訪問〟していたものです。そのほうが効率はいいからです。

ただ、訪問数は増えるものの、お客様の都合を考えずにアポなし訪問をしていたのですから、なかなかうまくいきませんでした。

対面営業は「直行直帰」というやり方があります。こうすることで、出退勤時間のロスが比較的少なくなる場合もありました。

一方で、**直行直帰は「行動が見えない」「サボる口実に使われる」といった問題があります。**

私もダメ営業スタッフ時代、寝坊したときは「A様邸の現場立ち会いに直接行きます」と連絡し、サボりたいときは「Bさんと商談してそのまま帰ります」と報告していました。

リモート営業になると直行直帰と同様のデメリットがさらに色濃くなります。

思ったより時間がない？

とはいえ、営業活動の効率化において移動時間の短縮は最大のメリットです。

リモート営業では通勤時間がゼロになります。人によっては「往復3時間も節約できます」という営業スタッフもいます。

しかもオンライン商談ですから、商談数は大幅に増やせます。**対面営業と比べて商談数を倍にしても、時間は余る**はずです。

にもかかわらず、営業スタッフの多くは「思ったより時間がない」と嘆いています。

その理由は何でしょうか？

商談数をキャパ以上に入れてしまい、集中力が続かなくなるからです。

無駄な商談で力を使い切り、最も大事な商談に失敗してしまったのでは、なかなか思うような結果は出ません。

商談数のキャパが1日3件の人がいきなり倍の6件にしたらどうでしょうか？

一件一件のお客様の準備とフォローが手薄になり、すべて敗戦で終わるなんてことも起こります。

逆に商談数が少なすぎると「この人を落としたら後がない」と力みすぎて失敗するのです。

リモート営業では商談数を増やすことばかり考えるとうまくいかないのです。

リモート営業になると基本的に「出勤」の概念がなくなります。

パソコンへのログイン履歴で判断する会社もありますが、多少遅れたとしても「お客様と電話で打ち合わせをしていた」と言えば何とかなります。

当たり前ですがタイムカードもありませんし、「遅刻」の概念もなくなってしまうのです。

「リモートだから誰も見ていないし、サボってもいい」なんてことは、もってのほかです。

そんなことではリモート営業で結果を出すことは不可能ですし、その後どうなるかは私が言わなくてもわかると思います。

もちろんこの本を読んでいるあなたは大丈夫だと思いますが。

そこでどうすればいいかについて、次項で詳しく紹介します。

POINT

商談数を増やすばかりでは集中力は続かない

44

対面営業は、移動の時間でスケジュールを組むが、リモート営業は、頭が働く時間でスケジュールを組む

前項の続きです。リモート営業で結果を出している営業スタッフは、どんな1日を過ごしているでしょうか？　具体的に、仕事の効率を上げるためにどういった工夫をしているのでしょうか？

それは**「頭が働く時間に重要な仕事をする」**ことです。

私の知人のトップ営業スタッフにヒアリングした事例を紹介します。左がその1日のタイムスケジュール例です。

これを見て、あなたはどんなことに気がつきますか？

ズバリ、ポイントとしては**「大事な商談は疲れが出ていない午前中に入れる」**ということです。

【トップ営業スタッフの1日のタイムスケジュール例】

6：00 7：00	起床、ヨガをする
7：00 8：30	朝食、始業前の準備
8：30 8：45	スタッフとオンラインミーティング
8：45 9：45	提案書や見積書の作成
9：45 10：00	軽くストレッチなどをして休憩する
10：00 10：30	お客様Aとオンライン商談 （重要なお客様）
10：30 11：00	商談の空き時間（商談した内容をまとめる）
11：00 11：30	お客様Bとオンライン商談 （重要なお客様）
11：30 12：00	商談の空き時間（商談した内容をまとめる）
12：00 13：00	お昼休憩
13：00 15：00	軽めのオンライン面談×2（お客様） オンラインミーティング×2（スタッフ）
15：00 15：30	休憩
15：30 17：30	見込み客を探す 上司への報告　など

また、**商談と商談の間に15～30分程度余裕を持ち、商談した内容をまとめる、もしくは次の商談のために休憩**します。

疲れが出てきた午後は軽めの面談やミーティング、見込み客探しなどにあてるようにしましょう。

朝の効率は夜の3～4倍

とにかく〝先行逃げ切り〟で、早い時間に「頭を使う仕事」をスケジュールするようにしてください。たとえば、次のようなことが挙げられます。

・文章を書く
・提案書や見積書の作成
・新しいアイデアや企画を考える　など

こういったことも、午前中の早い時間帯が効率的です。

私のイメージですが、**夜の3～4倍のスピードで仕上げられる**ことが多いです。

朝からいい仕事をすると達成感で満たされます。モチベーションが上がり、その日のいいスタートダッシュが切れるようになります。その後のお客様との商談にも弾みがつくのです。

リモート営業が中心になるということは、会社に出勤していた時代と異なり、**働く時間を自分で決められる時代**になるということです。

疲れて効率が悪くなる夜ではなく、疲れがとれて頭がよく働く朝に仕事を移行するようにしましょう。

POINT

頭を使う仕事は早い時間にやっておく

45

対面営業は、クツにお金をかけるが、リモート営業は、イスにお金をかける

私は営業スタッフ時代、先輩から「売れる営業になりたかったらクツにお金をかけろ」と言われたものです。

「クツ」にお金をかける理由は二つあります。

一つは、**お客様に与える印象**です。「履いているクツを見ればどんな人かわかる」といわれるほど、人に与える影響が大きいということです。

人と会うときに汚いクツが目に入ると、「この人はイマイチだなあ」と思ってしまうものです。逆に高級感があり、きれいに手入れされているクツを履いている人は、それだけで期待感が高まります。

もう一つは、いいクツはつくりが良く、**長時間歩いても疲れない**ことです。オーダーメイドにすれば、その違いを感じられると思います。

対面営業で「足で稼げ」といわれていた時代は機能的な要素も重要だったのです。

しかし、リモート営業になるとクツよりももっとお金をかけなくてはならないものがあります。それは「イス」です。

イタリア語で〝アーゴノミー〟という言葉があります。アーゴノミーは体を支えるための家具の総称で、主にイスやベッドなどを指します。

リモート営業でパフォーマンスを発揮するには仕事用のイスが大事です。快眠のためのベッドも大事ですが、**自分の体に合っていない安物のイスに長時間座り続けると体に負担がかかり、腰痛や肩こり、首の痛みなどの原因になります。**

パソコンや机もリモート営業では重要なツールですが、イスは人体を直接支えるものだからこそ、お金をかけてほしいのです。

高価なイスは費用対効果が高い

そういう私もイスにはずっと無頓着でした。数千円の安い組み立て式のイスを使っていました。

以前、フリーランスの友人に「パソコン仕事が多い人はいいイスにしたほうがいい」と言われて勧められたのが「アーロンチェア」という10万円以上するイスでした。そのときは「さすがにイスに10万円をかけるのはちょっと……」と思いましたが、ちょうどギックリ腰に悩んでいたこともあり、購入しようと検討し始めたのです。

ネットで注文して買ってしまってから「自分に合わない……」となるともったいないので、家具屋さんへ実物を確かめに行きました。

結局アーロンチェアではなく、自分の中で一番座り心地がいいと感じた「Bauhutte」というブランドのイスを購入しました。これは〝ゲーマーが使うイス〟として有名です。**このイスにしてから長時間座っていても疲れませんし、何よりギックリ腰にならなくなったのです。**

費用対効果の高い、本当にいい買い物でした。「なんでもっと早く買わなかったのか」と心底後悔しました。

自宅に書斎がなく、リビングのテーブルで普通のイスに座って仕事をしている営業スタッフの方もいるでしょう。

「高価なイスなんて買えない」という方は**ヘルスケア用の座布団を代用**してみてはいかがでしょうか？

私も今のイスを購入する前、ヘルスケア用の座布団を使っていましたが、**何もない状態よりは腰が楽**になります。値段も3000～5000円とリーズナブルです。

リモート営業ではイスに投資をしてください。想像以上のリターンが得られることは私が保証します。

自分を支えてくれるイスを快適にして、気持ちよく仕事をしてください。

POINT

家具屋さんに行って自分に合ったイスを探す

46

対面営業は、デスクについて書類仕事をするが、リモート営業は、立ったり歩いたりして書類仕事をする

お客様への提案書などをつくる際、なかなか書き進められずに考え込んでしまうことはないでしょうか？

会社ではデスクにつき、パソコンの前でじっと考えている人がほとんどです。外に出て気分を変えたくても、近くに上司がいるときに「ちょっと息抜きしてきます」とは言いにくいものです。

こういった状況のとき、パソコンの前から離れられず、何とかアイデアをひねり出そうとしてしまいますが、これは非常に効率が悪いのです。

私は基本的に自宅で仕事をしています。原稿を書く、資料をつくる、ブログを書く、授業のパワーポイント資料をつくるなど、毎日パソコンで何かしらの作業をしていますが、

その時間はあまり長くありません。デスクの前に座っている時間は結構短いと思います。

パソコンの前で「う〜ん、書けないなあ」と唸っていることはありません。**「ちょっと行き詰まってきた」と感じたらすぐに席を立ち、パソコンの前から離れます。そして顔を洗ったり歯を磨いたりすることもあれば、部屋をうろうろ歩き回ることもあります。**

不思議なものでパソコンの前から一瞬でも離れると「あっ、そうか！　この手があったな」とアイデアを思いつくものなのです。

アウトプット系の仕事は、いいアイデアを思いつきさえすれば、実際の作業時間は短くなります。それよりも「何を書こうか」と考えている時間のほうが圧倒的に長く、大事なのです。

実際に手を動かすときはデスクにつき、書類を書いたり、パソコンに入力したりする必要があります。

しかし、**考えているときは必ずしもパソコンの前にいる必要はありません。逆に離れていたほうが、いいアイデアが浮かんだり、いい文章が書けたりするものです。**

座って作業する時間の目安は「50分程度」

会社に出勤しているときは、お客様が訪ねてきたり、上司から呼ばれたり、同僚や部下から相談を受けたり、社内の会議があったりなどで、強制的に立ったり歩いたりしていました。そういったアクションで集中力が切れるデメリットもありますが、「あっ、その手があったか！」といいアイデアが浮かぶメリットもありました。

リモートになるとそれがなくなるので「気づいたら何時間もずっと座ったままだった……」なんてことになるのです。そうならないためにも、意識して立ったり歩いたりする必要があります。

私は座って作業する時間の目安を「50分程度」にしています。**意識して「顔を洗う」「歯を磨く」**といったことをはさんでいます。このような日常の習慣でもいいですし、**「腕立て伏せ」「ストレッチ」などの軽い運動**をしてもいいでしょう。

前もって立ったり歩いたりすることを決めておくと安心です。**「一度外に出てコンビニでスイーツを買ってくる」**なんていうのもいいですね。

3〜5分程度でできることであればいいのです。その数分が、その後の仕事の質と効率を格段に上げてくれます。

最近は座ったまま1時間経つとアラームで知らせてくれるアプリもあるので、そういうものを活用するのも手です。

「デスクでパソコンにかじりついたまま、仕事が進まない」というのは即刻やめましょう。リモート営業では気分転換がポイントになります。凝り固まらずに、積極的に体を動かして気持ちよく仕事をしましょう。

POINT

仕事が進まないときは上手に気分転換

47

対面営業は、訪問中に自然と歩いて運動しているが、リモート営業は、休憩中に体を動かすことを習慣にする

コロナ禍以降、営業スタッフの方に会うと必ず「やっぱりリモート営業はむずかしいですね」といった話になります。営業方法に迷いがあるというよりは**「自分をどう管理するか」に困っている**ようです。

リモート営業になれば時間は自由です。「自由」というと聞こえはいいですが、その半面責任が伴います。自分でいつから働いていつまで休むかを管理する必要があります。

困るのは**「運動不足」**です。知り合いの営業スタッフは「リモート営業になってから10キロ太りました」と言っていました。

対面営業なら嫌でも外を歩くことになります。お客様を訪問するときはもちろんですが、そもそも会社に出勤するわけなので、電車でも車でもある程度は歩きますし、社内でも歩

くでしょう。人によりますが、1日に7000～8000歩は歩いているのではないでしょうか。

厚生労働省のデータによると「成人の1日当たりの平均歩数は男性7000歩前後」です。知らないうちに結構歩いているのです。

当たり前ですが、リモート営業になると外に出る機会が減ります。

私はスマホで歩数を計測していたことがありますが、ずっと家で仕事をしていたら1000歩も歩きません。気づくと歩数が10分の1になっていることもあるのです。

そのうえ、リフレッシュのために「おやつを食べる」ことが増えれば、「太る」のも当然です。

太るのが健康に良くないのは言うまでもありませんが、営業スタッフとして致命的なのは「見た目が悪くなる」ことです。

何度も会っているお客様が見れば、画面越しでも太ったかどうかが伝わります。**きちんと仕事をしているのにもかかわらず、「自己管理ができないのかな？」というマイナスの印象を持たれてしまうのは残念すぎます。**

また、**上司から「サボっているのかな?」と疑われることもあります。**太るメリットは一つもないのです。

休憩をとって体を動かす

リモートで営業活動を続けるには健康的な習慣をマスターする必要があります。

私は長年自宅で仕事をしているので、これまでいろいろな方法を試してきました。

一番良くないのが、「ちょっと疲れたから」といってベッドやソファで横になることです。

このとき、テレビを見たりスマホを触ったりすると最悪です。

ただ単にゴロゴロしていても疲れは取れません。逆にだるくなりますし、そのまま仕事をやらなくなることもしょっちゅうありました。

そうではなく、むしろ次のようなことで**軽く体を動かしたほうが疲れは取れるし、やる気も戻ってきます。**

・外に出て10分程度ウォーキングをする
・ストレッチや軽い筋トレをする

・トランポリンで3分間跳びはねる　など

私の場合、10分間のウォーキングは1000歩程度ですがそれを1日2回、そしてストレッチや軽い筋トレなどを組み合わせています。それで結構な運動量になります。日によってやることを変えれば、飽きずに継続することができます。仕事の集中力が上がって、体重も増えなくなります。

リモート営業の成功の秘訣は**「休憩をとって体を動かす」**ことです。

何でも構いません。あなたが楽しみながらできる方法を見つけてください。

POINT

休憩時間にベッドやソファで横にならない

48

対面営業は、気合が大事だが、リモート営業は、やる気の出るルーティーンが効果的

リモート営業では**「モチベーションをどう維持するか」**が重要な問題です。

モチベーションは営業成績に直結します。上司から「今月もゼロだったらわかっているだろうな！」と気合を入れられたり、同僚が成績を上げて「私も頑張ろう」と思ったりするなど、対面営業は自然とモチベーションが上がる機会がありました。

しかし、リモート営業ではそういった機会が減るので、自ら高いモチベーションを保つ必要があるのです。

そんなときでも、「まあ、気合を入れれば何とかなるだろう」と精神論だけで無理やり乗り切ろうとするのは危険です。

あなたももう十分に感じていると思いますが、どんなに自分を奮い立たせようと思っても、実際にはなかなかむずかしいものです。**精神論ではなく、モチベーションを上げるた**

めの有効なルーティーンをつくったほうがいいのです。

以前、私が仕事をご一緒したメンタル系のお医者様から「冬はうつ気味の人が増える」という話を聞きました。その理由はいろいろありますが、一番は**「体温が上がりにくいから」**だそうです。

モチベーションや精神状態は、体温や心拍数に比例しているといわれています。つまり、**強制的に体を動かすことで体温や心拍数が上がり、自動的にモチベーションを上げることができる**わけです。

運動して体温や心拍数が上がった状態では「ああ、なんだか落ち込んできた」という気持ちになりにくい。それはどんな人でも感覚的に理解できると思います。

落ち込んだときは体を動かす

この人間の体の仕組みを覚えておくと非常に便利です。

たとえばリモート営業で失敗し、お客様から断られたとします。そこで背中を丸めて下を向きながら「はぁ〜」と深いため息をつき、しばらく悩んでいたらどうでしょうか。ますます落ち込むことになってしまいます。

こんなときこそ体を動かすといいのです。体が温まり、心拍数が上がるようなことなら何でも構いません。

私は仕事でミスや失敗をしたときに10回程度、腕立て伏せをすることがあります。腕立て伏せをしている間は頭の中が空っぽになり、やり終わると自動的に気分が晴れて、モチベーションが戻っていることを実感できます。

ただ、「運動は苦手だし、体を動かしてもモチベーションが上がらない」という方もいるでしょう。

そういう方は体を動かすことにこだわらず、**「この仕事が終わったら好きなものを食べる」というような〝ご褒美作戦〟**をオススメします。

たとえば、次のような作戦が考えられるでしょう。

・面倒な作業が終わったらスイーツを食べる
・１本企画を出したら好きな芸能人のＳＮＳをチェックする

・提案書や見積書をつくったら10分好きな動画を見る　など

私は「チョコレートを食べながらコーヒーを飲むこと」が好きなのですが、これをご褒美にして「この仕事が終わったらコーヒーを飲んでチョコレートを食べよう！」と頑張ることもあります。

知り合いの営業スタッフは好きな音楽を聴いたり、スマホでゲームをしたりして、モチベーションを上げています。

リモート営業で気合もいいのですが、モチベーションを上げたいときにはこうした工夫が効果的です。

POINT

〝ご褒美作戦〟でモチベーションをキープする

第6章 まとめ

●通勤や移動の時間が減った分、商談数は増やせるが、増やしたからといって結果につながるわけではない。
●重要な仕事は頭が働く時間に設定。大事な商談は疲れが出ていない午前中に入れる。
●営業の相棒はクツからイスへ。高価なイスは長時間座っていても疲れない。
●アイデア出しに行き詰まったら軽く運動する。座って作業する時間は「50分程度」を目安に。
●体が資本。「10分間のウォーキング」など、ダイエットや健康にいい習慣を身につける。
●精神論・根性論では限界がある。体を動かす、自分へのご褒美をルーティーンにし、科学的・合理的にモチベーションを上げる。

おわりに　スピード時代だからこそ焦らずじっくり関係を構築する

最後までお読みいただき、ありがとうございます。

本書は対面営業とリモート営業の違いにフォーカスして、**「48のルール」**にまとめたものです。

これから営業もデジタル化が進み、どんどんスピードアップしていきます。それは間違いありません。

リモート営業で結果を出すためにノウハウを学ぶことは大切です。

ただ、一つ注意してほしいことがあります。

それは**「結果を出そうとして焦らない」**ことです。

対面営業では結果が出るまで待てるのに、リモート営業になると途端に焦ってしまう人は少なくありません。

お客様に営業メールを送ったらすぐに返事を期待しますすし、オンライン商談ではすぐに結論を出してほしいと思います。

また、SNSやブログに投稿してもすぐ、「いいね」がついたりアクセス数が増えたりすることを期待します。

デジタルツールを使うとスピードが速いので、とにかく「すぐに結果がほしい……」と焦ってしまいがちです。

「機が熟す」という言葉がありますが、**どんなことにも適した時期、タイミングがあります。**

営業活動でいえば、同じお客様に同じメールを送った場合でも、1か月前は「こんな案内は必要ない」と迷惑がられていたのが、1か月後の今日は「なんていいタイミングなんだ！」と感謝されることもあるのです。

リモート営業では焦りは禁物です。**さまざまなアプローチをし、時間をかけて、お客様と信頼関係を築いていきましょう。お役立ち情報を送り、「こういったご提案ができます」と伝えながら、細く長くつき合う**のです。

信頼関係ができていれば、お客様が検討段階に入ったとき、真っ先にあなたに声をかけてくれます。

そのときが最大のチャンスです。自分にできるすべてをそこで出し切ってください。

リモート営業に慣れないうちは「こんな活動で結果が出るのだろうか……」と不安になることもあるでしょう。

本書で学んだ方法や考え方を実践していれば、必ず風向きが変わるタイミングがやって来ます。

それを信じて真摯《しんし》に行動を続けてください。思っている以上の結果が出ることでしょう。

あなたの成功を心より願っています。

最後に、編集の河出書房新社の江川さんにお礼を言わせてください。

この本を書いたのは、江川さんからの「対面営業とリモート営業を対比させてみてはいかがですか？」というご提案がきっかけでした。この対比によって他のリモート営業の本と差別化でき、エッジの効いた内容になりました。

またいつも本を買っていただいている、ブログやメルマガの読者の方へ。いつも本当にありがとうございます。みなさんには感謝しかありません。

最後の最後に、家族への感謝の言葉で締めさせていただきます。

いつも本当にありがとう。

営業コンサルタント・関東学園大学講師
菊原　智明

菊原智明（きくはら・ともあき）
営業サポート・コンサルティング株式会社代表取締役。営業コンサルタント。関東学園大学経済学部講師。社団法人営業人材教育協会理事。
群馬県生まれ。大学卒業後トヨタホームに入社し、営業の世界へ。7年もの間、クビ寸前の苦しい営業スタッフ時代を過ごす。その後、お客様へのアプローチを訪問から「営業レター」に変えることをきっかけに4年連続トップの営業スタッフに。約600名の営業スタッフの中においてMVPを獲得。2006年に独立。現在、上場企業への研修、コンサルティング業務、経営者や営業スタッフ向けのセミナーを行っている。『訪問しなくても売れる！「営業レター」の教科書』（日経ビジネス人文庫）、『営業1年目の教科書』（大和書房）など著書多数。

営業サポート・コンサルティングHP
http://www.tuki1.net

リモート営業で結果を出す人の48のルール

2021年1月20日 初版印刷
2021年1月30日 初版発行

著　　者　菊原智明
発 行 者　小野寺優
発 行 所　株式会社河出書房新社
〒151-0051
東京都渋谷区千駄ヶ谷2-32-2
電話 03-3404-1201（営業）
03-3404-8611（編集）
http://www.kawade.co.jp/
ブックデザイン　柴田琴音＋八木麻祐子（Isshiki）
組　　版　一企画
印刷・製本　株式会社暁印刷

Printed in Japan
ISBN978-4-309-24990-2